AF275168

COLEX

Disfrute gratuitamente **DURANTE UN AÑO** de los eBook y audiolibros de las obras de Editorial Colex*

⊛ Acceda a la página web de la editorial **www.colex.es**

⊛ Identifíquese con su usuario y contraseña. En caso de no disponer de una cuenta regístrese.

⊛ Acceda en el menú de usuario a la pestaña «Mis códigos» e introduzca el que aparece a continuación:

RASCAR PARA VISUALIZAR EL CÓDIGO

⊛ Una vez se valide el código, aparecerá una ventana de confirmación y su eBook y/o audiolibro estará disponible **durante 1 año desde su activación** en la pestaña «Mis libros» en el menú de usuario.

> * Los audiolibros están disponibles en las ediciones más recientes de nuestras obras. Se excluyen expresamente las colecciones «Códigos comentados», «Biblioteca digital» y los productos de www.vademecumlegal.es.

No se admitirá la devolución si el código promocional ha sido manipulado y/o utilizado.

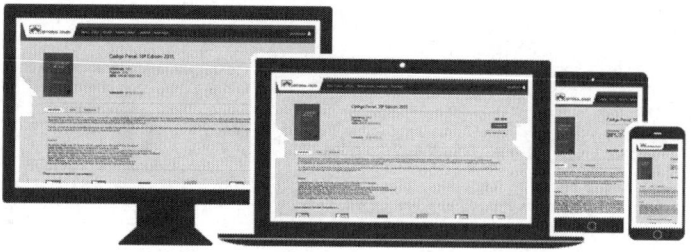

¡Gracias por confiar en nosotros!

La obra que acaba de adquirir incluye de forma gratuita la versión electrónica. Acceda a nuestra página web para aprovechar todas las funcionalidades de las que dispone en nuestro lector.

Funcionalidades eBook

Acceso desde cualquier dispositivo con conexión a internet

Idéntica visualización a la edición de papel

Navegación intuitiva

Tamaño del texto adaptable

Síguenos en: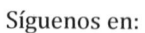

CÓDIGO DEL ESPACIO ULTRATERRESTRE

EDICIÓN 2024

(Edición actualizada a 1 de septiembre de 2024)

Traducida y preparada por

Juan Luis Jiménez Ruiz

Profesor contratado doctor de
Derecho Internacional Público y Relaciones Internacionales
Universidad Internacional de la Rioja

COLEX 2024

Copyright © 2024

Queda prohibida, salvo excepción prevista en la ley, cualquier forma de reproducción, distribución, comunicación pública y transformación de esta obra sin contar con autorización de los titulares de propiedad intelectual. La infracción de los derechos mencionados puede ser constitutiva de delito contra la propiedad intelectual (arts. 270 y sigs. del Código Penal). El Centro Español de Derechos Reprográficos (www.cedro.org) garantiza el respeto de los citados derechos.

Editorial Colex S.L. vela por la exactitud de los textos legales publicados. No obstante, advierte que la única normativa oficial se encuentra publicada en el BOE o Boletín Oficial correspondiente, siendo esta la única legalmente válida, y declinando cualquier responsabilidad por daños que puedan causarse debido a inexactitudes e incorrecciones en los mismos.

Editorial Colex S.L. habilitará a través de la web www.colex.es un servicio online para acceder a las eventuales correcciones de erratas de cualquier libro perteneciente a nuestra editorial.

© Editorial Colex, S.L.
Calle Costa Rica, número 5, 3.º B (local comercial)
A Coruña, 15004, A Coruña (Galicia)
info@colex.es
www.colex.es

I.S.B.N.: 978-84-1194-650-6
Depósito legal: C 1386-2024

SUMARIO

PRIMERA PARTE
TRATADOS DE LAS NACIONES UNIDAS

SEGUNDA PARTE
PRINCIPIOS APROBADOS POR LA ASAMBLEA GENERAL

TERCERA PARTE
RESOLUCIONES CONEXAS APROBADAS
POR LA ASAMBLEA GENERAL

CUARTA PARTE
OTROS DOCUMENTOS

QUINTA PARTE
SITUACIÓN DE LOS ACUERDOS INTERNACIONALES
RELATIVOS AL ESPACIO ULTRATERRESTRE

NOTA EXPLICATIVA

La humanidad encuentra en el s. XX un punto de inflexión sin parangón en la historia, y es que los avances científicos, técnicos, y tecnológicos, y su impacto en todas las áreas del conocimiento han propiciado muy notables avances que llevan a la sociedad a interaccionar con –y en– lo «desconocido». El inicio del gobierno y gestión del espacio aéreo, ha venido planteando nuevos retos, magnificados en el *plus ultra* que representa el espacio ultraterrestre. Espacio, no susceptible de apropiación, cuya limitación con respecto al espacio aéreo continúa sin ser fijada en Derecho convencional. Siendo esta área del Derecho, a todas luces, aún, y muy probablemente, a perpetuidad, incipiente, conviene reunir y codificar el corpus normativo básico referido al espacio ultraterrestre, objeto que esta obra contiene.

Para la selección de los textos se ha optado por la incorporación de los Tratados de las Naciones Unidas y de los Principios de la Asamblea General que regulan el espacio ultraterrestre. Además de las resoluciones conexas aprobadas por la Asamblea General y de otros documentos complementarios. Se finaliza aportando, mediante una tabla, en la que figuran los diferentes Estados, en la que se muestra referenciada la situación actual, por cuanto a la ratificación respecta, de los Tratados de las Naciones Unidas, dirigidos al espacio ultraterrestre, ello con efectos de 24 de junio de 2024.

Se han excluido, por entender que su incorporación desbordaría el espíritu de la finalidad apuntada, aquellas normas internacionales, o nacionales, que regulan cuestiones conexas y/o ligadas con el Derecho espacial o aéreo, como sería la normativa de desarrollo de los satélites y la fundacional de las agencias espaciales.

El contenido está completamente en lengua española y viene a actualizar otras publicaciones en lengua inglesa, anteriores a 2017, que han abordado esta materia.

Se finaliza esta nota manifestando un sincero agradecimiento al Dr. Fruela Río Santos.

Juan Luis Jiménez Ruiz
Carchelejo, 22 de julio de 2024.

— PRIMERA PARTE —
TRATADOS DE LAS NACIONES UNIDAS

1.
TRATADO SOBRE LOS PRINCIPIOS QUE DEBEN REGIR LAS ACTIVIDADES DE LOS ESTADOS EN LA EXPLORACIÓN Y UTILIZACIÓN DEL ESPACIO ULTRATERRESTRE, INCLUSO LA LUNA Y OTROS CUERPOS CELESTES[1]

Los Estados Partes en este Tratado,

Inspirándose en las grandes perspectivas que se ofrecen a la humanidad como consecuencia de la entrada del hombre en el espacio ultraterrestre,

Reconociendo el interés general de toda la humanidad en el progreso de la exploración y utilización del espacio ultraterrestre con fines pacíficos,

Estimando que la exploración y la utilización del espacio ultraterrestre se deben efectuar en bien de todos los pueblos, sea cual fuere su grado de desarrollo económico y científico,

Deseando contribuir a una amplia cooperación internacional en lo que se refiere a los aspectos científicos y jurídicos de la exploración y utilización del espacio ultraterrestre con fines pacíficos,

Estimando que tal cooperación contribuirá al desarrollo de la comprensión mutua y al afianzamiento de las relaciones amistosas entre los Estados y los pueblos,

Recordando la Resolución 1962 (XVIII), titulada «Declaración de los Principios Jurídicos que Deben Regir las Actividades de los Estados en la Exploración y Utilización del Espacio Ultraterrestre», que fue aprobada unánimemente por la Asamblea General de las Naciones Unidas el 13 de diciembre de 1963,

Recordando la Resolución 1884 (XVIII), en que se insta a los Estados a no poner en órbita alrededor de la Tierra ningún objeto portador de armas nucleares u otras clases de armas de destrucción en masa, ni a emplazar tales armas en los cuerpos celestes, y que fue aprobada unánimemente por la Asamblea General de las Naciones Unidas el 17 de octubre de 1963,

Tomando nota de la Resolución 110 (II), aprobada por la Asamblea General el 3 de noviembre de 1947, que condena la propaganda destinada a provocar o alentar, o susceptible de provocar o alentar cualquier amenaza a la paz, quebrantamiento de la paz o acto de agresión, y considerando que dicha resolución es aplicable al espacio ultraterrestre,

Convencidos de que un tratado sobre los principios que deben regir las actividades de los Estados en la exploración y utilización del espacio ultraterrestre, incluso la Luna y otros cuerpos celestes, promoverá los propósitos y principios de la Carta de las Naciones Unidas,

---

1   Naciones Unidas, *Treaty Series*, vol. 610, núm. 8843.

Han convenido en lo siguiente:

Artículo I.

La exploración y utilización del espacio ultraterrestre, incluso la Luna y otros cuerpos celestes, deberán hacerse en provecho y en interés de todos los países, sea cual fuere su grado de desarrollo económico y científico, e incumben a toda la humanidad.

El espacio ultraterrestre, incluso la Luna y otros cuerpos celestes, estará abierto para su exploración y utilización a todos los Estados sin discriminación alguna en condiciones de igualdad y en conformidad con el derecho internacional, y habrá libertad de acceso a todas las regiones de los cuerpos celestes.

El espacio ultraterrestre, incluso la Luna y otros cuerpos celestes, estarán abiertos a la investigación científica, y los Estados facilitarán y fomentarán la cooperación internacional en dichas investigaciones.

Artículo II.

El espacio ultraterrestre, incluso la Luna y otros cuerpos celestes, no podrá ser objeto de apropiación nacional por reivindicación de soberanía, uso u ocupación, ni de ninguna otra manera.

Artículo III.

Los Estados Partes en el Tratado deberán realizar sus actividades de exploración y utilización del espacio ultraterrestre, incluso la Luna y otros cuerpos celestes, de conformidad con el derecho internacional, incluida la Carta de las Naciones Unidas, en interés del mantenimiento de la paz y la seguridad internacionales y del fomento de la cooperación y la comprensión internacionales.

Artículo IV.

Los Estados Partes en el Tratado se comprometen a no colocar en órbita alrededor de la Tierra ningún objeto portador de armas nucleares ni de ningún otro tipo de armas de destrucción en masa, a no emplazar tales armas en los cuerpos celestes y a no colocar tales armas en el espacio ultraterrestre en ninguna otra forma.

La Luna y los demás cuerpos celestes se utilizarán exclusivamente con fines pacíficos por todos los Estados Partes en el Tratado. Queda prohibido establecer en los cuerpos celestes bases, instalaciones y fortificaciones militares, efectuar ensayos con cualquier tipo de armas y realizar maniobras militares. No se prohíbe la utilización de personal militar para investigaciones científicas ni para cualquier otro objetivo pacífico. Tampoco se prohíbe la utilización de cualquier equipo o medios necesarios para la exploración de la Luna y de otros cuerpos celestes con fines pacíficos.

Artículo V.

Los Estados Partes en el Tratado considerarán a todos los astronautas como enviados de la humanidad en el espacio ultraterrestre, y les prestarán toda la ayuda posible en caso de accidente, peligro o aterrizaje forzoso en el territorio de otro Estado Parte o en alta mar. Cuando los astronautas hagan tal aterrizaje serán devueltos con seguridad y sin demora al Estado de registro de su vehículo espacial.

Al realizar actividades en el espacio ultraterrestre, así como en los cuerpos celestes, los astronautas de un Estado Parte en el Tratado deberán prestar toda la ayuda posible a los astronautas de los demás Estados Partes en el Tratado.

Los Estados Partes en el Tratado tendrán que informar inmediatamente a los demás Estados Partes en el Tratado o al Secretario General de las Naciones Unidas sobre los fenómenos por ellos observados en el espacio ultraterrestre, incluso la Luna y otros cuerpos celestes, que podrían constituir un peligro para la vida o la salud de los astronautas.

Artículo VI.

Los Estados Partes en el Tratado serán responsables internacionalmente de las actividades nacionales que realicen en el espacio ultraterrestre, incluso la Luna y otros cuerpos celestes, los organismos gubernamentales o las entidades no gubernamentales, y deberán asegurar que dichas actividades se efectúen en conformidad con las disposiciones del presente Tratado. Las actividades de las entidades no gubernamentales en el espacio ultraterrestre, incluso la Luna y otros cuerpos celestes, deberán ser autorizadas y fiscalizadas constantemente por el pertinente Estado Parte en el Tratado. Cuando se trate de actividades que realiza en el espacio ultraterrestre, incluso la Luna y otros cuerpos celestes, una organización internacional, la responsable en cuanto al presente Tratado corresponderá a esa organización internacional y a los Estados Partes en el Tratado que pertenecen a ella.

Artículo VII.

Todo Estado Parte en el Tratado que lance o promueva el lanzamiento de un objeto al espacio ultraterrestre, incluso la Luna y otros cuerpos celestes, y todo Estado Parte en el Tratado, desde cuyo territorio o cuyas instalaciones se lance un objeto, será responsable internacionalmente de los daños causados a otro Estado Parte en el Tratado o a sus personas naturales o jurídicas por dicho objeto o sus partes componentes en la Tierra, en el espacio aéreo o en el espacio ultraterrestre, incluso la Luna y otros cuerpos celestes.

Artículo VIII.

El Estado Parte en el Tratado, en cuyo registro figura el objeto lanzado al espacio ultraterrestre, retendrá su jurisdicción y control sobre tal objeto, así como sobre todo el personal que vaya en él, mientras se encuentre en el espacio ultraterrestre o en un cuerpo celeste. El derecho de propiedad de los objetos lanzados al espacio ultraterrestre, incluso de los objetos que hayan descendido o se construyan en un cuerpo celeste, y de sus partes componentes, no sufrirá ninguna alteración mientras estén en el espacio ultraterrestre, incluso en un cuerpo celeste, ni en su retorno a la Tierra. Cuando esos objetos o esas partes componentes sean hallados fuera de los límites del Estado Parte en el Tratado en cuyo registro figuran, deberán ser devueltos a ese Estado Parte, el que deberá proporcionar los datos de identificación que se le soliciten antes de efectuarse la restitución.

Artículo IX.

En la exploración y utilización del espacio ultraterrestre, incluso la Luna y otros cuerpos celestes, los Estados Partes en el Tratado deberán guiarse por el principio de la cooperación y la asistencia mutua, y en todas sus actividades en el espacio ultraterrestre, incluso en la Luna y otros cuerpos celestes, deberán tener debidamente en cuenta los intereses correspondientes de los demás Estados Partes en el Tratado. Los Estados Partes en el Tratado harán los estudios e investigaciones del espacio ultraterrestre, incluso la Luna y otros cuerpos celestes, y procederán a su exploración de tal forma que no se produzca una contaminación nociva ni cambios desfavorables en el medio ambiente de la Tierra como consecuencia de la introducción en él de materias extraterrestres, y cuando sea necesario adoptarán las medidas pertinentes a tal efecto. Si un Estado Parte en el Tratado tiene motivos para creer que una actividad o un experimento en el espacio ultraterrestre, incluso la Luna y otros cuerpos celestes, proyectado por él o por sus nacionales, crearía un obstáculo capaz de perjudicar las actividades de otros Estados Partes en el Tratado en la exploración y utilización del espacio ultraterrestre con fines pacíficos, incluso en la Luna y otros cuerpos celestes, deberá celebrar las consultas internacionales oportunas antes de iniciar esa actividad o ese experimento. Si un Estado Parte en el Tratado tiene motivos para creer que una actividad o un experimento en el espacio ultraterrestre, incluso la Luna y otros cuerpos celestes, proyectado por otro Estado Parte en el Tratado, crearía un obstáculo capaz de perjudicar las actividades de exploración y utilización del espacio ultraterrestre con fines pacíficos, incluso en la Luna y otros cuerpos celestes, podrá pedir que se celebren consultas sobre dicha actividad o experimento.

Artículo X.

A fin de contribuir a la cooperación internacional en la exploración y la utilización del espacio ultraterrestre, incluso la Luna y otros cuerpos celestes, conforme a los objetivos del presente Tratado, los Estados Partes en él examinarán, en condiciones de igualdad, las solicitudes formuladas por otros Estados Partes en el Tratado para que se les brinde la oportunidad a fin de observar el vuelo de los objetos espaciales lanzados por dichos Estados.

La naturaleza de tal oportunidad y las condiciones en que podría ser concedida se determinarán por acuerdo entre los Estados interesados.

Artículo XI.

A fin de fomentar la cooperación internacional en la exploración y utilización del espacio ultraterrestre con fines pacíficos, los Estados Partes en el Tratado que desarrollan actividades en el espacio ultraterrestre, incluso la Luna y otros cuerpos celestes, convienen en informar, en la mayor medida posible dentro de lo viable y factible, al Secretario General de las Naciones Unidas, así como al público y a la comunidad científica internacional, acerca de la naturaleza, marcha, localización y resultados de dichas actividades. El Secretario General de las Naciones Unidas debe estar en condiciones de difundir eficazmente tal información, inmediatamente después de recibirla.

Artículo XII.

Todas las estaciones, instalaciones, equipo y vehículos espaciales situados en la Luna y otros cuerpos celestes serán accesibles a los representantes de otros Estados Partes en el presente Tratado, sobre la base de reciprocidad. Dichos representantes notificarán con antelación razonable su intención de hacer una visita, a fin de permitir celebrar las consultas que procedan y adoptar un máximo de precauciones para velar por la seguridad y evitar toda perturbación del funcionamiento normal de la instalación visitada.

Artículo XIII.

Las disposiciones del presente Tratado se aplicarán a las actividades de exploración y utilización de espacio ultraterrestre, incluso la Luna y otros cuerpos celestes, que realicen los Estados Partes en el Tratado, tanto en el caso de que esas actividades las lleve a cabo un Estado Parte en el Tratado por sí sólo o junto con otros Estados, incluso cuando se efectúen dentro del marco de organizaciones intergubernamentales internacionales.

Los Estados Partes en el Tratado resolverán los problemas prácticos que puedan surgir en relación con las actividades que desarrollen las organizaciones intergubernamentales internacionales en la exploración y utilización del espacio ultraterrestre, incluso la Luna y otros cuerpos celestes, con la organización internacional pertinente o con uno o varios Estados miembros de dicha organización internacional que sean Partes en el presente Tratado.

Artículo XIV.

1. Este Tratado estará abierto a la firma de todos los Estados. El Estado que no firmare este Tratado antes de su entrada en vigor, de conformidad con el párrafo 3 de este artículo, podrá adherirse a él en cualquier momento.

2. Este Tratado estará sujeto a ratificación por los Estados signatarios. Los instrumentos de ratificación y los instrumentos de adhesión se depositarán en los archivos de los Gobiernos de los Estados Unidos de América, el Reino Unido de Gran Bretaña e Irlanda del Norte y la Unión de Repúblicas Socialistas Soviéticas, a los que por el presente se designa como Gobiernos depositarios.

3. Este Tratado entrará en vigor cuando hayan depositado los instrumentos de ratificación cinco gobiernos, incluidos los designados como Gobiernos depositarios en virtud del presente Tratado.

4. Para los Estados cuyos instrumentos de ratificación o de adhesión se depositaren después de la entrada en vigor de este Tratado, el Tratado entrará en vigor en la fecha del depósito de sus instrumentos de ratificación o adhesión.

5. Los Gobiernos depositarios informarán sin tardanza a todos los Estados signatarios y a todos los Estados que se hayan adherido a este Tratado, de la fecha de cada firma, de la fecha de depósito de cada instrumento de ratificación y de adhesión a este Tratado, de la fecha de su entrada en vigor y de cualquier otra notificación.

6. Este Tratado será registrado por los Gobiernos depositarios, de conformidad con el Artículo 102 de la Carta de las Naciones Unidas.

Artículo XV.

Cualquier Estado Parte en el Tratado podrá proponer enmiendas al mismo. Las enmiendas entrarán en vigor para cada Estado Parte en el Tratado que las aceptare cuando estas hayan sido aceptadas por la mayoría de los Estados Partes en el Tratado, y en lo sucesivo para cada Estado restante que sea Parte en el Tratado en la fecha en que las acepte.

Artículo XVI.

Todo Estado Parte podrá comunicar su retiro de este Tratado al cabo de un año de su entrada en vigor, mediante notificación por escrito dirigida a los Gobiernos depositarios. Tal retiro surtirá efecto un año después de la fecha en que se reciba la notificación.

Artículo XVII.

Este Tratado, cuyos textos en chino, español, francés, inglés y ruso son igualmente auténticos, se depositará en los archivos de los Gobiernos depositarios. Los Gobiernos depositarios remitirán copias debidamente certificadas de este Tratado a los gobiernos de los Estados signatarios y de los Estados que se adhieran al Tratado.

EN TESTIMONIO DE LO CUAL, los infrascritos, debidamente autorizados, firman este Tratado.

HECHO en tres ejemplares, en las ciudades de Londres, Moscú y Washington, D.C., el día veintisiete de enero de mil novecientos sesenta y siete.

2.
ACUERDO SOBRE EL SALVAMENTO Y LA DEVOLUCIÓN DE ASTRONAUTAS Y LA RESTITUCIÓN DE OBJETOS LANZADOS AL ESPACIO ULTRATERRESTRE[2]

Las Partes Contratantes,

Señalando la gran importancia del Tratado sobre los Principios que Deben Regir las Actividades de los Estados en la Exploración y Utilización del Espacio Ultraterrestre, incluso la Luna y otros Cuerpos Celestes, el que dispone la prestación de toda la ayuda posible a los astronautas en caso de accidente, peligro o aterrizaje forzoso, la devolución de los astronautas con seguridad y sin demora, y la restitución de objetos lanzados al espacio ultraterrestre,

Deseando desarrollar esos deberes y darles expresión más concreta,

Deseando fomentar la cooperación internacional en la exploración y utilización del espacio ultraterrestre con fines pacíficos,

Animadas por sentimientos de humanidad,

Han convenido en lo siguiente:

Artículo 1.

Toda parte contratante que sepa o descubra que la tripulación de una nave espacial ha sufrido un accidente, se encuentra en situación de peligro o ha realizado un aterrizaje forzoso o involuntario en un territorio colocado bajo su jurisdicción, en alta mar o en cualquier otro lugar no colocado bajo la jurisdicción de ningún Estado, inmediatamente:

a) Lo notificará a la autoridad de lanzamiento o, si no puede identificar a la autoridad de lanzamiento ni comunicarse inmediatamente con ella, lo hará público inmediatamente por todos los medios apropiados de comunicación de que disponga;

b) Lo notificará al Secretario General de las Naciones Unidas, a quien correspondería difundir sin tardanza la noticia por todos los medios apropiados de comunicación de que disponga.

Artículo 2.

Si, debido a accidente, peligro o aterrizaje forzoso o involuntario, la tripulación de una nave espacial desciende en territorio colocado bajo la jurisdicción de una Parte Contratante, esta adoptará inmediatamente todas las medidas posibles para salvar a la tripulación y prestarle toda la ayuda necesaria.

---

2   Naciones Unidas, *Treaty Series*, vol. 672, núm. 9574.

Comunicará a la autoridad de lanzamiento y al Secretario General de las Naciones Unidas las medidas que adopte y sus resultados. Si la asistencia de la autoridad de lanzamiento fuere útil para lograr un pronto salvamento o contribuyere en medida importante a la eficacia de las operaciones de búsqueda y salvamento, la autoridad de lanzamiento cooperará con la Parte Contratante con miras a la eficaz realización de las operaciones de búsqueda y salvamento. Tales operaciones se efectuarán bajo la dirección y el control de la Parte Contratante, la que actuará en estrecha y constante consulta con la autoridad de lanzamiento.

Artículo 3.

Si se sabe o descubre que la tripulación de una nave espacial ha descendido en alta mar o en cualquier otro lugar no colocado bajo la jurisdicción de ningún Estado, las Partes Contratantes que se hallen en condiciones de hacerlo prestarán asistencia, en caso necesario, en las operaciones de búsqueda y salvamento de tal tripulación, a fin de lograr su rápido salvamento. Esas Partes Contratantes informarán a la autoridad de lanzamiento y al Secretario General de las Naciones Unidas acerca de las medidas que adopten y de sus resultados.

Artículo 4.

Si, debido a accidente, peligro, o aterrizaje forzoso o involuntario, la tripulación de una nave espacial desciende en territorio colocado bajo la jurisdicción de una Parte Contratante, o ha sido hallada en alta mar o en cualquier otro lugar no colocado bajo la jurisdicción de ningún Estado, será devuelta con seguridad y sin demora a los representantes de la autoridad de lanzamiento.

Artículo 5.

1. Toda Parte Contratante que sepa o descubra que un objeto espacial o partes componentes del mismo han vuelto a la Tierra en territorio colocado bajo su jurisdicción, en alta mar o en cualquier otro lugar no colocado bajo la jurisdicción de ningún Estado, lo notificará a la autoridad de lanzamiento y al Secretario General de las Naciones Unidas.

2. Toda Parte Contratante que tenga jurisdicción sobre el territorio en que un objeto espacial o partes componentes del mismo hayan sido descubiertos deberá adoptar, a petición de la autoridad de lanzamiento y con la asistencia de dicha autoridad, si se la solicitare, todas las medidas que juzgue factibles para recuperar el objeto o las partes componentes.

3. A petición de la autoridad de lanzamiento, los objetos lanzados al espacio ultraterrestre o sus partes componentes encontrados fuera de los límites territoriales de la autoridad de lanzamiento serán restituidos a los representantes de la autoridad de lanzamiento o retenidos a disposición de los mismos, quienes, cuando sean requeridos a ello, deberán facilitar datos de identificación antes de la restitución.

4. No obstante lo dispuesto en los párrafos 2 y 3 de este artículo, la Parte Contratante que tenga motivos para creer que un objeto espacial o partes componentes del mismo descubiertos en territorio colocado bajo su jurisdicción, o recuperados por ella en otro lugar, son de naturaleza peligrosa o nociva, podrá notificarlo a la autoridad de lanzamiento, la que deberá adoptar inmediatamente medidas eficaces, bajo la dirección y el control de dicha Parte Contratante, para eliminar el posible peligro de daños.

5. Los gastos realizados para dar cumplimiento a las obligaciones de rescatar y restituir un objeto espacial o sus partes componentes, conforme a los párrafos 2 y 3 de este artículo, estarán a cargo de la autoridad de lanzamiento.

Artículo 6.

A los efectos de este Acuerdo, se entenderá por «autoridad de lanzamiento» el Estado responsable del lanzamiento o, si una organización internacional intergubernamental fuere responsable del lanzamiento, dicha organización, siempre que declare que acepta los derechos y obligaciones previstos en este Acuerdo y que la mayoría de los Estados miembros de tal organización sean Partes Contratantes en este Acuerdo y en el Tratado sobre los Principios que Deben Regir las Actividades de los Estados en la Exploración y Utilización del Espacio Ultraterrestre, incluso la Luna y otros Cuerpos Celestes.

Artículo 7.

1. Este Acuerdo estará abierto a la firma de todos los Estados. Todo Estado que no firmare este Acuerdo antes de su entrada en vigor, de conformidad con el párrafo 3 de este artículo, podrá adherirse a él en cualquier momento.

2. Este Acuerdo estará sujeto a ratificación por los Estados signatarios. Los instrumentos de ratificación y los instrumentos de adhesión se depositarán en los archivos de los Gobiernos de los Estados Unidos de América, el Reino Unido de Gran Bretaña e Irlanda del Norte y la Unión de Repúblicas Socialistas Soviéticas, a los que por el presente se designa como Gobiernos depositarios.

3. Este Acuerdo entrará en vigor cuando hayan depositados los instrumentos de ratificación cinco gobiernos, incluidos los designados como Gobiernos depositarios en virtud de este Acuerdo.

4. Para los Estados cuyos instrumentos de ratificación o de adhesión se depositaren después de la entrada en vigor de este Acuerdo, el Acuerdo entrará en vigor en la fecha del depósito de sus instrumentos de ratificación o de adhesión.

5. Los Gobiernos depositarios informarán sin tardanza a todos los Estados signatarios y a todos los Estados que se hayan adherido a este Acuerdo de la fecha de cada firma, de la fecha de depósito de cada instrumento de ratificación y de adhesión a este Acuerdo, de la fecha de su entrada en vigor y de cualquier otra notificación.

6. Este Acuerdo será registrado por los Gobiernos depositarios, de conformidad con el Artículo 102 de la Carta de las Naciones Unidas.

Artículo 8.

Todo Estado Parte en el Acuerdo podrá proponer enmiendas al mismo. Las enmiendas entrarán en vigor para cada Estado Parte en el Acuerdo que las aceptare cuando estas hayan sido aceptadas por la mayoría de los Estados Partes en el Acuerdo, y en lo sucesivo para cada Estado restante que sea Parte en el Acuerdo en la fecha en que las acepte.

Artículo 9.

Todo Estado Parte en el Acuerdo podrá comunicar su retirada de este Acuerdo al cabo de un año de su entrada en vigor, mediante notificación por escrito dirigida a los Gobiernos depositarios. Tal retirada surtirá efecto un año después de la fecha en que se reciba la notificación.

Artículo 10.

Este Acuerdo, cuyos textos en chino, español, francés, inglés y ruso son igualmente auténticos, se depositará en los archivos de los Gobiernos depositarios. Los Gobiernos depositarios remitirán copias debidamente certificadas de este Acuerdo a los gobiernos de los Estados signatarios y de los Estados que se adhieran al Acuerdo.

EN TESTIMONIO DE LO CUAL, los infrascritos, debidamente autorizados, firman este Acuerdo.

HECHO en tres ejemplares, en las ciudades de Londres, Moscú y Washington, D.C., el día veintidós de abril de mil novecientos sesenta y ocho.

3.
CONVENIO SOBRE LA RESPONSABILIDAD INTERNACIONAL POR DAÑOS CAUSADOS POR OBJETOS ESPACIALES[3]

Los Estados Partes en el presente Convenio,

Reconociendo el interés general de toda la humanidad en promover la exploración y utilización del espacio ultraterrestre con fines pacíficos,

Recordando el Tratado sobre los Principios que Deben Regir las Actividades de los Estados en la Exploración y Utilización del Espacio Ultraterrestre, incluso la Luna y otros Cuerpos Celestes,

Tomando en consideración que, a pesar de las medidas de precaución que han de adoptar los Estados y las organizaciones internacionales intergubernamentales que participen en el lanzamiento de objetos espaciales, tales objetos pueden ocasionalmente causar daños,

Reconociendo la necesidad de elaborar normas y procedimientos internacionales eficaces sobre la responsabilidad por daños causados por objetos espaciales y, en particular, de asegurar el pago rápido, con arreglo a lo dispuesto en el presente Convenio, de una indemnización plena y equitativa a las víctimas de tales daños,

Convencidos de que el establecimiento de esas normas y procedimientos contribuirá a reforzar la cooperación internacional en el terreno de la exploración y utilización del espacio ultraterrestre con fines pacíficos,

Han convenido en lo siguiente:

Artículo I.

A los efectos del presente Convenio:

a) Se entenderá por «daño» la pérdida de vidas humanas, las lesiones corporales u otros perjuicios a la salud, así como la pérdida de bienes o los perjuicios causados a bienes de Estados o de personas físicas o morales, o de organizaciones internacionales intergubernamentales;

b) El término «lanzamiento» denotará también todo intento de lanzamiento;

c) Se entenderá por «Estado de lanzamiento»:

i) Un Estado que lance o promueva el lanzamiento de un objeto espacial;

ii) Un Estado desde cuyo territorio o desde cuyas instalaciones se lance un objeto espacial;

d) El término «objeto espacial» denotará también las partes componentes de un objeto espacial, así como el vehículo propulsor y sus partes.

---

3   Naciones Unidas, *Treaty Series*, vol. 961, núm. 13810.

Artículo II.

Un Estado de lanzamiento tendrá responsabilidad absoluta y responderá de los daños causados por un objeto espacial suyo en la superficie de la Tierra o a las aeronaves en vuelo.

Artículo III.

Cuando el daño sufrido fuera de la superficie de la Tierra por un objeto espacial de un Estado de lanzamiento, o por las personas o los bienes a bordo de dicho objeto espacial, sea causado por un objeto espacial de otro Estado de lanzamiento, este último Estado será responsable únicamente cuando los daños se hayan producido por su culpa o por culpa de las personas de que sea responsable.

Artículo IV.

1. Cuando los daños sufridos fuera de la superficie de la Tierra por un objeto espacial de un Estado de lanzamiento, o por las personas o los bienes a bordo de ese objeto espacial, sean causados por un objeto espacial de otro Estado de lanzamiento, y cuando de ello se deriven daños para un tercer Estado o para sus personas físicas o morales, los dos primeros Estados serán mancomunada y solidariamente responsables ante ese tercer Estado, conforme se indica a continuación:

a) Si los daños han sido causados al tercer Estado en la superficie de la Tierra o han sido causados a aeronaves en vuelo, su responsabilidad ante ese tercer Estado será absoluta;

b) Si los daños han sido causados a un objeto espacial de un tercer Estado, o a las personas o los bienes a bordo de ese objeto espacial, fuera de la superficie de la Tierra, la responsabilidad ante ese tercer Estado se fundará en la culpa de cualquiera de los dos primeros Estados o en la culpa de las personas de que sea responsable cualquiera de ellos.

2. En todos los casos de responsabilidad solidaria mencionados en el párrafo 1 de este artículo, la carga de la indemnización por los daños se repartirá entre los dos primeros Estados según el grado de la culpa respectiva; si no es posible determinar el grado de la culpa de cada uno de esos Estados, la carga de la indemnización se repartirá por partes iguales entre ellos. Esa repartición no afectará al derecho del tercer Estado a reclamar su indemnización total, en virtud de este Convenio, a cualquiera de los Estados de lanzamiento que sean solidariamente responsables o a todos ellos.

Artículo V.

1. Si dos o más Estados lanzan conjuntamente un objeto espacial, serán responsables solidariamente por los daños causados.

2. Un Estado de lanzamiento que haya pagado la indemnización por daños tendrá derecho a repetir contra los demás participantes en el lanzamiento conjunto. Los participantes en el lanzamiento conjunto podrán concertar acuerdos acerca de la distribución entre sí de la carga financiera respecto de la cual son solidariamente responsables. Tales acuerdos no afectarán al derecho de un Estado que haya sufrido daños a reclamar su indemnización total, de conformidad con el presente Convenio, a cualquiera o a todos los Estados de lanzamiento que sean solidariamente responsables.

3. Un Estado desde cuyo territorio o instalaciones se lanza un objeto espacial se considerará como participante en un lanzamiento conjunto.

Artículo VI.

1. Salvo lo dispuesto en el párrafo 2 de este artículo, un Estado de lanzamiento quedará exento de la responsabilidad absoluta en la medida en que demuestre que los daños son total o parcialmente resultado de negligencia grave o de un acto de omisión cometido con la intención de causar daños por parte de un Estado demandante o de personas físicas o morales a quienes este último Estado represente.

2. No se concederá exención alguna en los casos en que los daños sean resultado de actividades desarrolladas por un Estado de lanzamiento en las que no se respete el derecho internacional, incluyendo, en especial, la Carta de las Naciones Unidas y el Tratado sobre los Principios que Deben Regir las Actividades de los Estados en la Exploración y Utilización del Espacio Ultraterrestre, incluso la Luna y otros Cuerpos Celestes.

Artículo VII.

Las disposiciones del presente Convenio no se aplicarán a los daños causados por un objeto espacial del Estado de lanzamiento a:

a) Nacionales de dicho Estado de lanzamiento;

b) Nacionales de un país extranjero mientras participen en las operaciones de ese objeto espacial desde el momento de su lanzamiento o en cualquier fase posterior al mismo hasta su descenso, o mientras se encuentren en las proximidades inmediatas de la zona prevista para el lanzamiento o la recuperación, como resultado de una invitación de dicho Estado de lanzamiento.

Artículo VIII.

1. Un Estado que haya sufrido daños, o cuyas personas físicas o morales hayan sufrido daños, podrá presentar a un Estado de lanzamiento una reclamación por tales daños.

2. Si el Estado de nacionalidad de las personas afectadas no ha presentado una reclamación, otro Estado podrá presentar a un Estado de lanzamiento una reclamación respecto de daños sufridos en su territorio por cualquier persona física o moral.

3. Si ni el Estado de nacionalidad de las personas afectadas ni el Estado en cuyo territorio se ha producido el daño han presentado una reclamación ni notificado su intención de hacerlo, otro Estado podrá presentar a un Estado de lanzamiento una reclamación respecto de daños sufridos por sus residentes permanentes.

Artículo IX.

Las reclamaciones de indemnización por daños serán presentadas al Estado de lanzamiento por vía diplomática. Cuando un Estado no mantenga relaciones diplomáticas con un Estado de lanzamiento, podrá pedir a otro Estado que presente su reclamación a ese Estado de lanzamiento o que de algún otro modo represente sus intereses conforme a este Convenio. También podrá presentar su reclamación por conducto del Secretario General de las Naciones Unidas, siempre que el Estado demandante y el Estado de lanzamiento sean ambos Miembros de las Naciones Unidas.

Artículo X.

1. La reclamación de la indemnización por daños podrá ser presentada a un Estado de lanzamiento a más tardar en el plazo de un año a contar de la fecha en que se produzcan los daños o en que se haya identificado al Estado de lanzamiento que sea responsable.

2. Sin embargo, si el Estado no ha tenido conocimiento de la producción de los daños o no ha podido identificar al Estado de lanzamiento, podrá presentar la reclamación en el plazo de un año a partir de la fecha en que lleguen a su conocimiento tales hechos; no obstante, en ningún caso será ese plazo superior a un año a partir de la fecha en que se podría esperar razonablemente que el Estado hubiera llegado a tener conocimiento de los hechos mediante el ejercicio de la debida diligencia.

3. Los plazos mencionados en los párrafos 1 y 2 de este artículo se aplicarán aun cuando no se conozca toda la magnitud de los daños. En este caso, no obstante, el Estado demandante tendrá derecho a revisar la reclamación y a presentar documentación adicional una vez expirado ese plazo, hasta un año después de conocida toda la magnitud de los daños.

Artículo XI.

1. Para presentar a un Estado de lanzamiento una reclamación de indemnización por daños al amparo del presente Convenio no será necesario haber agotado los recursos locales de que puedan disponer el Estado demandante o las personas físicas o morales que este represente.

2. Nada de lo dispuesto en este Convenio impedirá que un Estado, o una persona física o moral a quien este represente, hagan su reclamación ante los tribunales de justicia o ante los tribunales u órganos administrativos del Estado de lanzamiento. Un Estado no podrá, sin embargo, hacer reclamaciones al amparo del presente Convenio por los mismos daños respecto de los cuales se esté tramitando una reclamación ante los tribunales de justicia o ante los tribunales u órganos administrativos del Estado de lanzamiento, o con arreglo a cualquier otro acuerdo internacional que obligue a los Estados interesados.

Artículo XII.

La indemnización que en virtud del presente Convenio estará obligado a pagar el Estado de lanzamiento por los daños causados se determinará conforme al derecho internacional y a los principios de justicia y equidad, a fin de reparar esos daños de manera tal que se reponga a la persona, física o moral, al Estado o a la organización internacional en cuyo nombre se presente la reclamación en la condición que habría existido de no haber ocurrido los daños.

Artículo XIII.

A menos que el Estado demandante y el Estado que debe pagar la indemnización de conformidad con el presente Convenio acuerden otra forma de indemnización, esta se pagará en la moneda del Estado demandante o, si ese Estado así lo pide, en la moneda del Estado que deba pagar la indemnización.

Artículo XIV.

Si no se logra resolver una reclamación mediante negociaciones diplomáticas, conforme a lo previsto en el artículo IX, en el plazo de un año a partir de la fecha en que el Estado demandante haya notificado al Estado de lanzamiento que ha presentado la documentación relativa a su reclamación, las partes interesadas, a instancia de cualquiera de ellas, constituirán una Comisión de Reclamaciones.

Artículo XV.

1. La Comisión de Reclamaciones se compondrá de tres miembros: uno nombrado por el Estado demandante, otro nombrado por el Estado de lanzamiento y el tercer miembro, su Presidente, escogido conjuntamente por ambas partes. Cada una de las partes hará su nombramiento dentro de los dos meses siguientes a la petición de que se constituya la Comisión de Reclamaciones.

2. Si no se llega a un acuerdo con respecto a la selección del Presidente dentro de los cuatro meses siguientes a la petición de que se constituya la Comisión, cualquiera de las partes podrá pedir al Secretario General de las Naciones Unidas que nombre al Presidente en un nuevo plazo de dos meses.

Artículo XVI.

1. Si una de las partes no procede al nombramiento que le corresponde dentro del plazo fijado, el Presidente, a petición de la otra parte, constituirá por sí sólo la Comisión de Reclamaciones.

2. Toda vacante que por cualquier motivo se produzca en la Comisión se cubrirá con arreglo al mismo procedimiento adoptado para el primer nombramiento.

3. La Comisión determinará su propio procedimiento.

4. La Comisión determinará el lugar o los lugares en que ha de reunirse y resolverá todas las demás cuestiones administrativas.

5. Exceptuados los laudos y decisiones de la Comisión constituida por un sólo miembro, todos los laudos y decisiones de la Comisión se adoptarán por mayoría de votos.

Artículo XVII.

El número de miembros de la Comisión de Reclamaciones no aumentará cuando dos o más Estados demandantes o Estados de lanzamiento sean partes conjuntamente en unas mismas actuaciones ante la Comisión. Los Estados demandantes que actúen conjuntamente nombrarán colectivamente a un miembro de la Comisión en la misma forma y con sujeción a las mismas condiciones que cuando se trata de un sólo Estado demandante. Cuando dos o más Estados de lanzamiento actúen conjuntamente, nombrarán colectivamente y en la misma forma a un miembro de la Comisión. Si los Estados demandantes o los Estados de lanzamiento no hacen el nombramiento dentro del plazo fijado, el Presidente constituirá por sí sólo la Comisión.

Artículo XVIII.

La Comisión de Reclamaciones decidirá los fundamentos de la reclamación de indemnización y determinará, en su caso, la cuantía de la indemnización pagadera.

Artículo XIX.

1. La Comisión de Reclamaciones actuará de conformidad con lo dispuesto en el artículo XII.

2. La decisión de la Comisión será firme y obligatoria si las partes así lo han convenido; en caso contrario, la Comisión formulará un laudo definitivo que tendrá carácter de recomendación y que las partes atenderán de buena fe. La Comisión expondrá los motivos de su decisión o laudo.

3. La Comisión dictará su decisión o laudo lo antes posible y a más tardar en el plazo de un año a partir de la fecha de su constitución, a menos que la Comisión considere necesario prorrogar ese plazo.

4. La Comisión publicará su decisión o laudo. Expedirá una copia certificada de su decisión o laudo a cada una de las partes y al Secretario General de las Naciones Unidas.

Artículo XX.

Las costas relativas a la Comisión de Reclamaciones se dividirán por igual entre las partes, a menos que la Comisión decida otra cosa.

Artículo XXI.

Si los daños causados por un objeto espacial constituyen un peligro, en gran escala, para las vidas humanas o comprometen seriamente las condiciones de vida de la población o el funcionamiento de los centros vitales, los Estados Partes, y en particular el Estado de lanzamiento, estudiarán la posibilidad de proporcionar una asistencia apropiada y rápida al Estado que haya sufrido los daños, cuando este así lo solicite. Sin embargo, lo dispuesto en este artículo no menoscabará los derechos ni las obligaciones de los Estados Partes en virtud del presente Convenio.

Artículo XXII.

1. En el presente Convenio, salvo los artículos XXIV a XXVII, se entenderá que las referencias que se hacen a los Estados se aplican a cualquier organización intergubernamental internacional que se dedique a actividades espaciales si esta declara que acepta los derechos y obligaciones previstos en este Convenio y si una mayoría de sus Estados miembros son Estados Partes en este Convenio y en el Tratado sobre los Principios que Deben Regir las Actividades de los Estados en la Exploración y Utilización del Espacio Ultraterrestre, incluso la Luna y otros Cuerpos Celestes.

2. Los Estados miembros de tal organización que sean Estados Partes en este Convenio adoptarán todas las medidas adecuadas para lograr que la organización formule una declaración de conformidad con el párrafo precedente.

3. Si una organización intergubernamental internacional es responsable de daños en virtud de las disposiciones del presente Convenio, esa organización y sus miembros que sean Estados Partes en este Convenio serán mancomunada y solidariamente responsables, teniendo en cuenta sin embargo:

a) Que la demanda de indemnización ha de presentarse en primer lugar contra la organización;

b) Que sólo si la organización deja de pagar, dentro de un plazo de seis meses, la cantidad convenida o que se haya fijado como indemnización de los daños, podrá el Estado demandante invocar la responsabilidad de los miembros que sean Estados Partes en este Convenio a los fines del pago de esa cantidad.

4. Toda demanda de indemnización que, conforme a las disposiciones de este Convenio, se haga por daños causados a una organización que haya formulado una declaración en virtud del párrafo 1 de este artículo deberá ser presentada por un Estado miembro de la organización que sea Estado Parte en este Convenio.

Artículo XXIII.

1. Lo dispuesto en el presente Convenio no afectará a los demás acuerdos internacionales en vigor en las relaciones entre los Estados Partes en esos acuerdos.

2. Nada de lo dispuesto en el presente Convenio podrá impedir que los Estados concierten acuerdos internacionales que confirmen, completen o desarrollen sus disposiciones.

Artículo XXIV.

1. El presente Convenio estará abierto a la firma de todos los Estados. El Estado que no firmare este Convenio antes de su entrada en vigor, de conformidad con el párrafo 3 de este artículo, podrá adherirse a él en cualquier momento.

2. El presente Convenio estará sujeto a ratificación por los Estados signatarios. Los instrumentos de ratificación y los instrumentos de adhesión serán entregados para su depósito a los Gobiernos de los Estados Unidos de América, del Reino Unido de Gran Bretaña e Irlanda del Norte y de la Unión de Repúblicas Socialistas Soviéticas, que por el presente quedan designados Gobiernos depositarios.

3. El presente Convenio entrará en vigor cuando se deposite el quinto instrumento de ratificación.

4. Para los Estados cuyos instrumentos de ratificación o de adhesión se depositaren después de la entrada en vigor del presente Convenio, el Convenio entrará en vigor en la fecha del depósito de sus instrumentos de ratificación o de adhesión.

5. Los Gobiernos depositarios informarán sin tardanza a todos los Estados signatarios y a todos los Estados que se hayan adherido a este Convenio, de la fecha de cada firma, de la fecha de depósito de cada instrumento de ratificación y de adhesión a este Convenio, de la fecha de su entrada en vigor y de cualquier otra notificación.

6. El presente convenio será registrado por los Gobiernos depositarios, de conformidad con el Artículo 102 de la Carta de las Naciones Unidas.

Artículo XXV.

Cualquier Estado Parte en el presente Convenio podrá proponer enmiendas al mismo. Las enmiendas entrarán en vigor para cada Estado Parte en el Convenio que las aceptare cuando estas hayan sido aceptadas por la mayoría de los Estados Partes en el Convenio, y en lo sucesivo para cada Estado restante que sea Parte en el Convenio en la fecha en que las acepte.

Artículo XXVI.

Diez años después de la entrada en vigor del presente Convenio, se incluirá en el programa provisional de la Asamblea General de las Naciones Unidas la cuestión de un nuevo examen de este Convenio, a fin de estudiar, habida cuenta de la anterior aplicación del Convenio, si es necesario revisarlo. No obstante, en cualquier momento una vez que el Convenio lleve cinco años en vigor, a petición de un tercio de los Estados Partes en este Convenio y con el asentimiento de la mayoría de ellos, habrá de reunirse una conferencia de los Estados Partes con miras a reexaminar este Convenio.

Artículo XXVII.

Todo Estado Parte podrá comunicar su retiro del presente Convenio al cabo de un año de su entrada en vigor, mediante notificación por escrito dirigida a los Gobiernos depositarios. Tal retiro surtirá efecto un año después de la fecha en que se reciba la notificación.

Artículo XXVIII.

El presente Convenio, cuyos textos en chino, español, francés, inglés y ruso son igualmente auténticos, se depositará en los archivos de los Gobiernos depositarios. Los Gobiernos depositarios remitirán copias debidamente certificadas de este Convenio a los Gobiernos de los Estados signatarios y de los Estados que se adhieran al Convenio.

EN TESTIMONIO DE LO CUAL, los infrascritos, debidamente autorizados al efecto, firman este Convenio.

HECHO en tres ejemplares, en las ciudades de Londres, Moscú y Washington, D.C., el día veintinueve de marzo de mil novecientos setenta y dos.

4.
CONVENIO SOBRE EL REGISTRO DE OBJETOS LANZADOS AL ESPACIO ULTRATERRESTRE[4]

Los Estados Partes en el presente Convenio,

Reconociendo el interés común de toda la humanidad en proseguir la exploración y utilización del espacio ultraterrestre con fines pacíficos,

Recordando que en el Tratado sobre los Principios que Deben Regir las Actividades de los Estados en la Exploración y Utilización del Espacio Ultraterrestre, incluso la Luna y otros Cuerpos Celestes, de 27 de enero de 1967, se afirma que los Estados son internacionalmente responsables de las actividades nacionales que realicen en el espacio ultraterrestre y se hace referencia al Estado en cuyo registro se inscriba un objeto lanzado al espacio ultraterrestre,

Recordando también que en el Acuerdo sobre el Salvamento y la Devolución de Astronautas y la Restitución de Objetos Lanzados al Espacio Ultraterrestre2, de 22 de abril de 1968, se dispone que la autoridad de lanzamiento deberá facilitar, a quien lo solicite, datos de identificación antes de la restitución de un objeto que ha lanzado al espacio ultraterrestre y que se ha encontrado fuera de los límites territoriales de la autoridad de lanzamiento,

Recordando además que en el Convenio sobre la Responsabilidad Internacional por Daños Causados por Objetos Espaciales, de 29 de marzo de 1972, se establecen normas y procedimientos internacionales relativos a la responsabilidad de los Estados de lanzamiento por los daños causados por sus objetos espaciales,

Deseando, a la luz del Tratado sobre los Principios que Deben Regir las Actividades de los Estados en la Exploración y Utilización del Espacio Ultraterrestre, incluso la Luna y otros Cuerpos Celestes, adoptar disposiciones para el registro nacional por los Estados de lanzamiento de los objetos espaciales lanzados al espacio ultraterrestre,

Deseando asimismo que un registro central de los objetos lanzados al espacio ultraterrestre sea establecido y llevado, con carácter obligatorio, por el Secretario General de las Naciones Unidas,

Deseando también suministrar a los Estados Partes medios y procedimientos adicionales para ayudar a la identificación de los objetivos espaciales,

Convencidos de que un sistema obligatorio de registro de los objetos lanzados al espacio ultraterrestre ayudaría, en especial, a su identificación y contribuiría a la aplicación y el desarrollo del derecho internacional que rige la exploración y utilización del espacio ultraterrestre,

---

4   Naciones unidas, *Treaty Series*, vol. 1023, núm. 15020.

Han convenido en lo siguiente:

Artículo I.

A los efectos del presente Convenio:

a) Se entenderá por «Estado de lanzamiento»:

    i) Un Estado que lance o promueva el lanzamiento de un objeto espacial;

    ii) Un Estado desde cuyo territorio o desde cuyas instalaciones se lance un objeto espacial;

b) El término «objeto espacial» denotará las partes componentes de un objeto espacial, así como el vehículo propulsor y sus partes;

c) Se entenderá por «Estado de registro» un Estado de lanzamiento en cuyo registro se inscriba un objeto espacial de conformidad con el artículo II.

Artículo II.

1. Cuando un objeto espacial sea lanzado en órbita terrestre o más allá, el Estado de lanzamiento registrará el objeto espacial por medio de su inscripción en un registro apropiado que llevará a tal efecto. Todo Estado de lanzamiento notificará al Secretario General de las Naciones Unidas la creación de dicho registro.

2. Cuando haya dos o más Estados de lanzamiento con respecto a cualquier objeto espacial lanzado en órbita terrestre o más allá, dichos Estados determinarán conjuntamente cuál de ellos inscribirá el objeto de conformidad con el párrafo 1 del presente artículo, teniendo presentes las disposiciones del artículo VIII del Tratado sobre los Principios que Deben Regir las Actividades de los Estados en la Exploración y Utilización del Espacio Ultraterrestre, incluso la Luna y otros Cuerpos Celestes, y dejando a salvo los acuerdos apropiados que se hayan concertado o que hayan de concertarse entre los Estados de lanzamiento acerca de la jurisdicción y el control sobre el objeto espacial y sobre el personal del mismo.

3. El contenido de cada registro y las condiciones en las que este se llevará serán determinados por el Estado de registro interesado.

Artículo III.

1. El Secretario General de las Naciones Unidas llevará un Registro en el que se inscribirá la información proporcionada de conformidad con el artículo IV.

2. El acceso a la información consignada en este Registro será pleno y libre.

Artículo IV.

1. Todo Estado de registro proporcionará al Secretario General de las Naciones Unidas, en cuanto sea factible, la siguiente información sobre cada objeto espacial inscrito en su registro:

a) Nombre del Estado o de los Estados de lanzamiento;

b) Una designación apropiada del objeto espacial o su número de registro;

c) Fecha y territorio o lugar del lanzamiento;

d) Parámetros orbitales básicos, incluso:

    i) Período nodal;

    ii) Inclinación;

    iii) Apogeo;

    iv) Perigeo;

e) Función general del objeto espacial.

2. Todo Estado de registro podrá proporcionar de tiempo en tiempo al Secretario General de las Naciones Unidas información adicional relativa a un objeto espacial inscrito en su registro.

3. Todo Estado de registro notificará al Secretario General de las Naciones Unidas, en la mayor medida posible y en cuanto sea factible, acerca de los objetos espaciales respecto de los cuales haya transmitido información previamente y que hayan estado pero que ya no estén en órbita terrestre.

Artículo V.

Cuando un objeto espacial lanzado en órbita terrestre o más allá esté marcado con la designación o el número de registro a que se hace referencia en el apartado b) del párrafo 1 del artículo IV, o con ambos, el Estado de registro notificará este hecho al Secretario General de las Naciones Unidas al presentar la información sobre el objeto espacial de conformidad con el artículo IV. En tal caso, el Secretario General de las Naciones Unidas inscribirá esa notificación en el Registro.

Artículo VI.

En caso de que la aplicación de las disposiciones del presente Convenio no haya permitido a un Estado Parte identificar un objeto espacial que haya causado daño a dicho Estado o a alguna de sus personas físicas o morales, o que pueda ser de carácter peligroso o nocivo, los otros Estados Partes, en especial los Estados que poseen instalaciones para la observación y el rastreo espaciales, responderán con la mayor amplitud posible a la solicitud formulada por ese Estado Parte, o transmitida por conducto del Secretario General de las Naciones Unidas en su nombre, para obtener en condiciones equitativas y razonables asistencia para la identificación de tal objeto. Al formular esa solicitud, el Estado Parte suministrará información, en la mayor medida posible, acerca del momento, la naturaleza y las circunstancias de los hechos que den lugar a la solicitud. Los arreglos según los cuales se prestará tal asistencia serán objeto de acuerdo entre las partes interesadas.

Artículo VII.

1. En el presente Convenio, salvo los artículos VIII a XII inclusive, se entenderá que las referencias que se hacen a los Estados se aplican a cualquier organización intergubernamental internacional que se dedique a actividades espaciales si esta declara que acepta los derechos y obligaciones previstos en este Convenio

y si una mayoría de sus Estados miembros son Estados Partes en este Convenio y en el Tratado sobre los Principios que Deben Regir las Actividades de los Estados en la Exploración y Utilización del Espacio Ultraterrestre, incluso la Luna y otros Cuerpos Celestes.

2. Los Estados miembros de tal organización que sean Estados Partes en este Convenio adoptarán todas las medidas adecuadas para lograr que la organización formule una declaración de conformidad con el párrafo 1 de este artículo.

Artículo VIII.

1. El presente Convenio estará abierto a la firma de todos los Estados en la Sede de las Naciones Unidas, en Nueva York. Todo Estado que no firmare este Convenio antes de su entrada en vigor de conformidad con el párrafo 3 de este artículo podrá adherirse a él en cualquier momento.

2. El presente Convenio estará sujeto a ratificación por los Estados signatarios. Los instrumentos de ratificación y los instrumentos de adhesión serán depositados en poder del Secretario General de las Naciones Unidas.

3. El presente Convenio entrará en vigor entre los Estados que hayan depositado instrumentos de ratificación cuando se deposite en poder del Secretario General de las Naciones Unidas el quinto instrumento de ratificación.

4. Para los Estados cuyos instrumentos de ratificación o de adhesión se depositaren después de la entrada en vigor del presente Convenio, este entrará en vigor en la fecha del depósito de sus instrumentos de ratificación o de adhesión.

5. El Secretario General informará sin tardanza a todos los Estados signatarios y a todos los Estados que se hayan adherido a este Convenio de la fecha de cada firma, la fecha de depósito de cada instrumento de ratificación de este Convenio y de adhesión a este Convenio, la fecha de su entrada en vigor y cualquier otra notificación.

Artículo IX.

Cualquier Estado Parte en el presente Convenio podrá proponer enmiendas al mismo. Las enmiendas entrarán en vigor para cada Estado Parte en el Convenio que las acepte cuando hayan sido aceptadas por la mayoría de los Estados Partes en el Convenio y, en lo sucesivo, para cada uno de los restantes Estados que sea Parte en el Convenio en la fecha en que las acepte.

Artículo X.

Diez años después de la entrada en vigor del presente Convenio, se incluirá en el programa provisional de la Asamblea General de las Naciones Unidas la cuestión de un nuevo examen del Convenio, a fin de estudiar, habida cuenta de la anterior aplicación del Convenio, si es necesario revisarlo. No obstante, en cualquier momento una vez que el Convenio lleve cinco años en vigor, a petición de un tercio de los Estados Partes en el Convenio y con el asentimiento de la mayoría de ellos, habrá de reunirse una conferencia de los Estados Partes con miras a reexaminar este Convenio. Este nuevo examen tendrá en

cuenta, en particular, todos los adelantos tecnológicos pertinentes, incluidos los relativos a la identificación de los objetos espaciales.

Artículo XI.

Todo Estado Parte en el presente Convenio podrá comunicar su retiro del mismo al cabo de un año de su entrada en vigor, mediante notificación por escrito dirigida al Secretario General de las Naciones Unidas. Ese retiro surtirá efecto un año después de la fecha en que se reciba la notificación.

Artículo XII.

El original del presente Convenio, cuyos textos en árabe, chino, español, francés, inglés y ruso son igualmente auténticos, se depositará en poder del Secretario General de las Naciones Unidas, quien remitirá copias certificadas del Convenio a todos los Estados signatarios y a los Estados que se adhieran a él.

EN TESTIMONIO DE LO CUAL, los infrascritos, debidamente autorizados al efecto por sus respectivos Gobiernos, han firmado el presente Convenio, abierto a la firma en Nueva York el día catorce de enero de mil novecientos setenta y cinco.

5.
ACUERDO QUE DEBE REGIR LAS ACTIVIDADES DE LOS ESTADOS EN LA LUNA Y OTROS CUERPOS CELESTES[5]

Los Estados Partes en el presente Acuerdo,

Observando las realizaciones de los Estados en la exploración y utilización de la Luna y otros cuerpos celestes,

Reconociendo que la Luna, como satélite natural de la Tierra, desempeña un papel importante en la exploración del espacio ultraterrestre,

Firmemente resueltos a favorecer, sobre la base de la igualdad, el desarrollo de la colaboración entre los Estados a los efectos de la exploración y utilización de la Luna y otros cuerpos celestes,

Deseando evitar que la Luna se convierta en zona de conflictos internacionales,

Teniendo en cuenta los beneficios que se pueden derivar de la explotación de los recursos naturales de la Luna y otros cuerpos celestes,

Recordando el Tratado sobre los Principios que Deben Regir las Actividades de los Estados en la Exploración y Utilización del Espacio Ultraterrestre, incluso la Luna y otros Cuerpos Celestes, el Acuerdo sobre el Salvamento y la Devolución de Astronautas y la Restitución de Objetos Lanzados al Espacio Ultraterrestre, el Convenio sobre la Responsabilidad Internacional por Daños Causados por Objetos Espaciales y el Convenio sobre el Registro de Objetos Lanzados al Espacio Ultraterrestre,

Teniendo presente la necesidad de aplicar concretamente y desarrollar, en lo concerniente a la Luna y otros cuerpos celestes, las disposiciones de esos instrumentos internacionales, habida cuenta de los futuros progresos en la exploración y utilización del espacio,

Han convenido en lo siguiente:

Artículo 1.

1. Las disposiciones del presente Acuerdo relativas a la Luna se aplicarán también a otros cuerpos celestes del sistema solar distintos de la Tierra, excepto en los casos en que con respecto a alguno de esos cuerpos celestes entren en vigor normas jurídicas específicas.

2. Para los fines del presente Acuerdo, las referencias a la Luna incluirán las órbitas alrededor de esta u otras trayectorias dirigidas hacia ella o que la rodean.

3. El presente Acuerdo no se aplica a las materias extraterrestres que llegan a la superficie de la Tierra por medios naturales.

---

5   Naciones Unidas, *Treaty Series*, vol. 1363, núm. 23002.

Artículo 2.

Todas las actividades que se desarrollen en la Luna, incluso su exploración y utilización, se realizarán de conformidad con el derecho internacional, en especial la Carta de las Naciones Unidas, y teniendo en cuenta la Declaración sobre los principios de derecho internacional referentes a las relaciones de amistad y a la cooperación entre los Estados de conformidad con la Carta de las Naciones Unidas[6], aprobada por la Asamblea General el 24 de octubre de 1970, en interés del mantenimiento de la paz y la seguridad internacionales y del fomento de la cooperación internacional y la comprensión recíproca, y prestando

la consideración debida a los respectivos intereses de todos los otros Estados Partes.

Artículo 3.

1. Todos los Estados Partes utilizarán la Luna exclusivamente con fines pacíficos.

2. Se prohíbe recurrir a la amenaza o al uso de la fuerza, así como a cualquier otro acto hostil o a la amenaza de esos actos, en la Luna. Se prohíbe también utilizar la Luna para cometer tales actos o para hacer tales amenazas con respecto a la Tierra, a la Luna, a naves espaciales, a tripulaciones de naves espaciales o a objetos espaciales artificiales.

3. Los Estados Partes no pondrán en órbita alrededor de la Luna, ni en ninguna otra trayectoria hacia la Luna o alrededor de ella, objetos portadores de armas nucleares o de cualquier otro tipo de armas de destrucción en masa, ni colocarán o emplearán esas armas sobre o en la Luna.

4. Queda prohibido establecer bases, instalaciones y fortificaciones militares, efectuar ensayos de cualquier tipo de armas y realizar maniobras militares en la Luna. No se prohíbe la utilización de personal militar para investigaciones científicas ni para cualquier otro fin pacífico. Tampoco se prohíbe la utilización de cualesquier equipo o material necesarios para la exploración y utilización de la Luna con fines pacíficos.

Artículo 4.

1. La exploración y utilización de la Luna incumbirán a toda la humanidad y se efectuarán en provecho y en interés de todos los países, sea cual fuere su grado de desarrollo económico y científico. Se tendrán debidamente en cuenta los intereses de las generaciones actuales y venideras, así como la necesidad de promover niveles de vida más altos y mejores condiciones de progreso y desarrollo económico y social de conformidad con la Carta de las Naciones Unidas.

2. En todas sus actividades relativas a la exploración y utilización de la Luna, los Estados Partes se guiarán por el principio de la cooperación y la asistencia mutua. La cooperación internacional conforme al presente Acuerdo deberá ser lo más amplia posible y podrá llevarse a cabo sobre una base multilateral o bilateral o por conducto de organizaciones internacionales intergubernamentales.

Artículo 5.

1. Los Estados Partes informarán al Secretario General de las Naciones Unidas, así como al público y a la comunidad científica internacional, en toda la medida de lo posible y practicable, de sus actividades relativas a la exploración y utilización de la Luna. Se proporcionará respecto de cada misión a la Luna, a la mayor brevedad posible después del lanzamiento, información sobre la fecha, los objetivos, las localizaciones, los parámetros orbitales y la duración de la misión, en tanto que, después de terminada cada misión, se proporcionará información sobre sus resultados, incluidos los resultados científicos. En cada misión que dure más de sesenta días, se facilitará periódicamente, a intervalos de treinta días, información sobre el desarrollo de la misión, incluidos cualesquiera resultados científicos. En el

---

6   Resolución 2625 (XXV), anexo.

caso de las misiones que duren más de seis meses, sólo será necesario comunicar ulteriormente las adiciones a tal información que sean significativas.

2. Todo Estado Parte que tenga noticia de que otro Estado Parte proyecta operar simultáneamente en la misma zona de la Luna, o en la misma órbita alrededor de la Luna, o en la misma trayectoria hacia la Luna o alrededor de ella, comunicará sin demora al otro Estado las fechas y los planes de sus propias operaciones.

3. Al desarrollar actividades con arreglo al presente Acuerdo, los Estados Partes informarán prontamente al Secretario General de las Naciones Unidas, así como al público y a la comunidad científica internacional, de cualquier fenómeno que descubran en el espacio ultraterrestre, incluso la Luna, que pueda poner en peligro la vida o la salud humanas, así como de cualquier indicio de vida orgánica.

Artículo 6.

1. La investigación científica en la Luna será libre para todos los Estados Partes, sin discriminación de ninguna clase, sobre la base de la igualdad y de conformidad con el derecho internacional.

2. Al realizar investigaciones científicas, y con arreglo a las disposiciones del presente Acuerdo, los Estados Partes tendrán derecho a recoger y extraer de la Luna muestras de sus minerales y otras sustancias. Esas muestras permanecerán a disposición de los Estados Partes que las hayan hecho recoger y estos podrán utilizarlas con fines científicos. Los Estados Partes tendrán en cuenta la conveniencia de poner parte de esas muestras a disposición de otros Estados Partes interesados y de la comunidad científica internacional para la investigación científica. Durante las investigaciones científicas, los Estados Partes también podrán utilizar los minerales y otras sustancias de la Luna en cantidades adecuadas para el apoyo de sus misiones.

3. Los Estados Partes están de acuerdo en que conviene intercambiar personal científico y de otra índole, en toda la medida de lo posible y practicable, en las expediciones a la Luna o en las instalaciones allí situadas.

Artículo 7.

1. Al explorar y utilizar la Luna, los Estados Partes tomarán medidas para que no se perturbe el actual equilibrio de su medio, ya por la introducción en él de modificaciones nocivas, por su contaminación perjudicial con sustancias que le sean ajenas o de cualquier otro modo. Los Estados Partes tomarán también medidas para no perjudicar el medio de la Tierra por la introducción de sustancias extraterrestres o de cualquier otro modo.

2. Los Estados Partes informarán al Secretario General de las Naciones Unidas de las medidas que estén adoptando de conformidad con el párrafo 1 del presente artículo y también, en la mayor medida posible, le notificarán por anticipado todos los emplazamientos que hagan de materiales radiactivos en la Luna y los fines de dichos emplazamientos.

3. Los Estados Partes informarán a los demás Estados Partes y al Secretario General acerca de las zonas de la Luna que tengan especial interés científico, a fin de que, sin perjuicio de los derechos de los demás Estados Partes, se considere la posibilidad de declarar esas zonas reservas científicas internacionales para las que han de concertarse acuerdos de protección especiales, en consulta con los órganos competentes de las Naciones Unidas.

Artículo 8.

1. Los Estados Partes podrán desarrollar sus actividades de exploración y utilización de la Luna en cualquier punto de su superficie o bajo su superficie, sin perjuicio de las demás estipulaciones del presente Acuerdo.

2. A esos fines, los Estados Partes podrán, especialmente:

   a) Hacer aterrizar sus objetos espaciales en la Luna y proceder a su lanzamiento desde la Luna;

b) Situar su personal, vehículos espaciales, equipo, material, estaciones e instalaciones en cualquier punto de la superficie o bajo la superficie de la Luna.

El personal, los vehículos espaciales, el equipo, el material, las estaciones y las instalaciones podrán moverse o ser desplazados libremente sobre o bajo la superficie de la Luna.

3. Las actividades desarrolladas por los Estados Partes de conformidad con las disposiciones de los párrafos 1 y 2 del presente artículo no deberán entorpecer las actividades desarrolladas en la Luna por otros Estados Partes. En caso de que esas actividades pudieran constituir un obstáculo, los Estados Partes interesados celebrarán consultas de conformidad con los párrafos 2 y 3 del artículo 15 del presente Acuerdo.

Artículo 9.

1. Los Estados Partes podrán establecer en la Luna estaciones habitadas o inhabitadas. El Estado Parte que establezca una estación utilizará únicamente el área que sea precisa para las necesidades de la estación y notificará inmediatamente al Secretario General de las Naciones Unidas el emplazamiento y objeto de tal estación. Ulteriormente, dicho Estado notificará asimismo cada año al Secretario General si la estación se sigue utilizando y si se ha modificado su objeto.

2. Las estaciones estarán dispuestas de modo que no entorpezcan el libre acceso a todas las zonas de la Luna del personal, los vehículos y el equipo de otros Estados Partes que desarrollan actividades en la Luna de conformidad con lo dispuesto en el presente Acuerdo o en el artículo I del Tratado sobre los Principios que Deben Regir las Actividades de los Estados en la Exploración y Utilización del Espacio Ultraterrestre, incluso la Luna y otros Cuerpos Celestes.

Artículo 10.

1. Los Estados Partes adoptarán todas las medidas practicables para proteger la vida y la salud de las personas que se encuentren en la Luna. A tal efecto, considerarán a toda persona que se encuentre en la Luna como un astronauta en el sentido del artículo V del Tratado sobre los Principios que Deben Regir las Actividades de los Estados en la Exploración y Utilización del Espacio Ultraterrestre, incluso la Luna y otros Cuerpos Celestes, y como un miembro de la tripulación de una nave espacial en el sentido del Acuerdo sobre el Salvamento y la Devolución de Astronautas y la Restitución de Objetos Lanzados al Espacio Ultraterrestre.

2. Los Estados Partes ofrecerán refugio en sus estaciones, instalaciones, vehículos o equipo a las personas que se encuentren en peligro en la Luna.

Artículo 11.

1. La Luna y sus recursos naturales son patrimonio común de la humanidad conforme a lo enunciado en las disposiciones del presente Acuerdo, en particular en el párrafo 5 del presente artículo.

2. La Luna no puede ser objeto de apropiación nacional mediante reclamaciones de soberanía, por medio del uso o la ocupación, ni por ningún otro medio.

3. Ni la superficie ni la subsuperficie de la Luna, ni ninguna de sus partes o recursos naturales, podrán ser propiedad de ningún Estado, organización internacional intergubernamental o no gubernamental, organización nacional o entidad no gubernamental ni de ninguna persona física. El emplazamiento de personal, vehículos espaciales, equipo, material, estaciones e instalaciones sobre o bajo la superficie de la Luna, incluidas las estructuras unidas a su superficie o subsuperficie, no creará derechos de propiedad sobre la superficie o la subsuperficie de la Luna o parte alguna de ellas. Las disposiciones precedentes no afectan al régimen internacional a que se hace referencia en el párrafo 5 del presente artículo.

4. Los Estados Partes tienen derecho a explorar y utilizar la Luna sin discriminación de ninguna clase, sobre una base de igualdad y de conformidad con el derecho internacional y las disposiciones del presente Acuerdo.

5. Los Estados Partes en el presente Acuerdo se comprometen a establecer un régimen internacional, incluidos los procedimientos apropiados, que rija la explotación de los recursos naturales de la Luna, cuando esa explotación esté a punto de llegar a ser posible. Esta disposición se aplicará de conformidad con el artículo 18 del presente Acuerdo.

6. A fin de facilitar el establecimiento del régimen internacional a que se hace referencia en el párrafo 5 del presente artículo, los Estados Partes informarán al Secretario General de las Naciones Unidas, así como al público y a la comunidad científica internacional, en la mayor medida posible y practicable, sobre los recursos naturales que descubran en la Luna.

7. Entre las principales finalidades del régimen internacional que se ha de establecer figurarán:

a) El desarrollo ordenado y seguro de los recursos naturales de la Luna;

b) La ordenación racional de esos recursos;

c) La ampliación de las oportunidades para el uso de esos recursos;

d) Una participación equitativa de todos los Estados Partes en los beneficios obtenidos de esos recursos, teniéndose especialmente en cuenta los intereses y necesidades de los países en desarrollo, así como los esfuerzos de los países que hayan contribuido directa o indirectamente a la explotación de la Luna.

8. Todas las actividades referentes a los recursos naturales de la Luna se realizarán en forma compatible con las finalidades especificadas en el párrafo 7 del presente artículo y con las disposiciones del párrafo 2 del artículo 6 del presente Acuerdo.

Artículo 12.

1. Los Estados Partes retendrán la jurisdicción y el control sobre el personal, los vehículos espaciales, el equipo, el material, las estaciones y las instalaciones de su pertenencia que se encuentren en la Luna. El derecho de propiedad de los vehículos espaciales, el equipo, el material, las estaciones y las instalaciones no resultará afectado por el hecho de que se hallen en la Luna.

2. Cuando esos vehículos, instalaciones y equipo o sus partes componentes sean hallados fuera del lugar para el que estaban destinados, se les aplicará el artículo 5 del Acuerdo sobre el Salvamento y la Devolución de Astronautas y la Restitución de Objetos Lanzados al Espacio Ultraterrestre.

3. En caso de emergencia con peligro para la vida humana, los Estados Partes podrán utilizar el equipo, los vehículos, las instalaciones, el material o los suministros de otros Estados Partes en la Luna. Se notificará prontamente tal utilización al Secretario General de las Naciones Unidas o al Estado Parte interesado.

Artículo 13.

El Estado Parte que compruebe que un objeto espacial no lanzado por él, o sus partes componentes, han aterrizado en la Luna a causa de una avería o han hecho en ella un aterrizaje forzoso o involuntario, informará sin demora al Estado Parte que haya efectuado el lanzamiento y al Secretario General de las Naciones Unidas.

Artículo 14.

1. Los Estados Partes en el presente Acuerdo serán responsables internacionalmente de las actividades nacionales que se realicen en la Luna, ya sean efectuadas por organismos gubernamentales o entidades no gubernamentales, y de asegurar que dichas actividades se efectúen de conformidad con las disposiciones del presente Acuerdo. Los Estados Partes

se asegurarán de que las entidades no gubernamentales que se hallen bajo su jurisdicción sólo emprendan actividades en la Luna con la autorización y bajo la constante fiscalización del Estado Parte pertinente.

2. Los Estados Partes reconocen que, además de las disposiciones del Tratado sobre los Principios que Deben Regir las Actividades de los Estados en la Exploración y Utilización del Espacio Ultraterrestre, incluso la Luna y otros Cuerpos Celestes, y del Convenio sobre la Responsabilidad Internacional por Daños Causados por Objetos Espaciales, puede ser necesario hacer arreglos detallados sobre la responsabilidad por daños causados en la Luna como consecuencia de actividades más extensas en esta. Esos arreglos se elaborarán de conformidad con el procedimiento estipulado en el artículo 18 del presente Acuerdo.

Artículo 15.

1. Todo Estado Parte podrá asegurarse de que las actividades de los otros Estados Partes en la exploración y utilización de la Luna son compatibles con las disposiciones del presente Acuerdo. Con este fin, todos los vehículos espaciales, el equipo, el material, las estaciones y las instalaciones que se encuentren en la Luna serán accesibles a los otros Estados Partes. Dichos Estados Partes notificarán con antelación razonable su intención de hacer una visita, con objeto de que sea posible celebrar las consultas que procedan y adoptar un máximo de precauciones para velar por la seguridad y evitar toda perturbación del funcionamiento normal de la instalación visitada. A los efectos del presente artículo, todo Estado Parte podrá actuar por cuenta propia o con asistencia total o parcial de cualquier otro Estado Parte, o mediante procedimientos internacionales apropiados, dentro del marco de las Naciones Unidas y de conformidad con la Carta.

2. Todo Estado Parte que tenga motivos para creer que otro Estado Parte no cumple las disposiciones que le corresponden con arreglo al presente Acuerdo o que otro Estado Parte vulnera los derechos del primer Estado con arreglo al presente Acuerdo podrá solicitar la celebración de consultas con ese Estado Parte. El Estado Parte que reciba dicha solicitud procederá sin demora a celebrar esas consultas. Cualquier otro Estado Parte que lo solicite tendrá derecho a participar en las consultas. Todos los Estados Partes que participen en las consultas tratarán de lograr una solución mutuamente aceptable de la controversia y tendrán presentes los derechos e intereses de todos los Estados Partes. El Secretario General de las Naciones Unidas será informado de los resultados de las consultas y transmitirá la información recibida a todos los Estados Partes interesados.

3. Cuando las consultas no permitan llegar a una solución que sea mutuamente aceptable y respete los derechos e intereses de todos los Estados Partes, las partes interesadas tomarán todas las medidas necesarias para resolver la controversia por otros medios pacíficos de su elección adecuados a las circunstancias y a la naturaleza de la controversia. Cuando surjan dificultades en relación con la iniciación de consultas o cuando las consultas no permitan llegar a una solución mutuamente aceptable, todo Estado Parte podrá solicitar la asistencia del Secretario General, sin pedir el consentimiento de ningún otro Estado Parte interesado, para resolver la controversia. El Estado Parte que no mantenga relaciones diplomáticas con otro Estado Parte interesado participará en esas consultas, según prefiera, por sí mismo o por mediación de otro Estado Parte o del Secretario General.

Artículo 16.

A excepción de los artículos 17 a 21, se entenderá que las referencias que se hagan en el presente Acuerdo a los Estados se aplican a cualquier organización internacional intergubernamental que realice actividades en el espacio ultraterrestre, siempre que tal organización declare que acepta los derechos y obligaciones estipulados en el presente Acuerdo y que la mayoría de los Estados miembros de la organización sean Estados Partes en el presente Acuerdo y en el Tratado sobre los Principios que Deben Regir las Actividades de los Estados en la Exploración y Utilización del Espacio Ultraterrestre, incluso la Luna y otros Cuerpos Celestes. Los Estados miembros de cualquiera de tales organizaciones que sean Estados Partes en el presente Acuerdo adoptarán todas las medidas pertinentes para que la organización haga una declaración de conformidad con lo que antecede.

Artículo 17.

Todo Estado Parte en el presente Acuerdo podrá proponer enmiendas al mismo. Las enmiendas entrarán en vigor para cada Estado Parte en el Acuerdo que las acepte cuando estas hayan sido aceptadas por la mayoría de los Estados Partes en el Acuerdo y, en lo sucesivo, para cada Estado restante que sea Parte en el Acuerdo en la fecha en que las acepte.

Artículo 18.

Cuando hayan transcurrido diez años desde la entrada en vigor del presente Acuerdo, se incluirá la cuestión de su reexamen en el programa provisional de la Asamblea General de las Naciones Unidas a fin de considerar, a la luz de cómo se haya aplicado hasta entonces, si es preciso proceder a su revisión. Sin embargo, una vez que el presente Acuerdo lleve cinco años en vigor, el Secretario General de las Naciones Unidas, en su calidad de depositario, podrá convocar en cualquier momento, a petición de un tercio de los Estados Partes en el Acuerdo y con el asentimiento de la mayoría de ellos, una conferencia de los Estados Partes para reexaminar el Acuerdo. La conferencia encargada de reexaminarlo estudiará asimismo la cuestión de la aplicación de las disposiciones del párrafo 5 del artículo 11, sobre la base del principio a que se hace referencia en el párrafo 1 de ese artículo y teniendo en cuenta en particular los adelantos tecnológicos que sean pertinentes.

Artículo 19.

1. El presente Acuerdo estará abierto a la firma de todos los Estados en la Sede de las Naciones Unidas en Nueva York.

2. El presente Acuerdo estará sujeto a ratificación por los Estados signatarios. Los Estados que no firmen el presente Acuerdo antes de su entrada en vigor de conformidad con el párrafo 3 del presente artículo podrán adherirse a él en cualquier momento. Los instrumentos de ratificación o adhesión se depositarán ante el Secretario General de las Naciones Unidas.

3. El presente Acuerdo entrará en vigor a los treinta días de la fecha de depósito del quinto instrumento de ratificación.

4. Para cada uno de los Estados cuyos instrumentos de ratificación o adhesión se depositen después de la entrada en vigor del presente Acuerdo, éste entrará en vigor a los treinta días de la fecha del depósito del instrumento respectivo.

5. El Secretario General informará sin tardanza a todos los Estados signatarios y a todos los Estados que se hayan adherido al presente Acuerdo de la fecha de cada firma, de la fecha de depósito de cada instrumento de ratificación o adhesión al presente Acuerdo, de la fecha de su entrada en vigor y de cualquier otra notificación.

Artículo 20.

Todo Estado Parte en el presente Acuerdo podrá comunicar su retiro del Acuerdo al cabo de un año de su entrada en vigor, mediante notificación por escrito dirigida al Secretario General de las Naciones Unidas. Tal retiro surtirá efecto un año después de la fecha en que se reciba la notificación.

Artículo 21.

El original del presente Acuerdo, cuyos textos en árabe, chino, español, francés, inglés y ruso son igualmente auténticos, se depositará ante el Secretario General de las Naciones Unidas, que remitirá copias debidamente certificadas del mismo a los gobiernos de los Estados signatarios y de los Estados que se adhieran al Acuerdo.

EN TESTIMONIO DE LO CUAL, los infrascritos, debidamente autorizados por sus respectivos Gobiernos, firman este Acuerdo, abierto a la firma en Nueva York, el día dieciocho de diciembre de mil novecientos setenta y nueve.

— SEGUNDA PARTE —
PRINCIPIOS APROBADOS POR LA ASAMBLEA GENERAL

1.
DECLARACIÓN DE LOS PRINCIPIOS JURÍDICOS QUE DEBEN REGIR LAS ACTIVIDADES DE LOS ESTADOS EN LA EXPLORACIÓN Y UTILIZACIÓN DEL ESPACIO ULTRATERRESTRE[7]

La Asamblea General,

Inspirándose en las grandes posibilidades que ofrece a la humanidad la entrada del hombre en el espacio ultraterrestre,

Reconociendo el interés general de toda la humanidad en el progreso de la exploración y la utilización del espacio ultraterrestre con fines pacíficos,

Estimando que el espacio ultraterrestre debe explorarse y utilizarse en bien de la humanidad y en provecho de los Estados, sea cual fuere su grado de desarrollo económico y científico,

Deseando contribuir a una amplia cooperación internacional en lo que se refiere a los aspectos científicos y jurídicos de la exploración y utilización del espacio ultraterrestre con fines pacíficos,

Estimando que tal colaboración contribuirá al desarrollo de la comprensión mutua y al afianzamiento de las relaciones amistosas entre los Estados y los pueblos,

Recordando su Resolución 110 (II) de 3 de noviembre de 1947, por la que condenó toda propaganda destinada a provocar o alentar, o susceptible de provocar o alentar, cualquier amenaza a la paz, quebrantamiento de la paz o acto de agresión, y considerando que la citada resolución es aplicable al espacio ultraterrestre,

Teniendo en cuenta sus Resoluciones 1721 (XVI) y 1802 (XVII) de 20 de diciembre de 1961 y 14 de diciembre de 1962, aprobadas unánimemente por os Estados Miembros de las Naciones Unidas,

Declara solemnemente que en la exploración y utilización del espacio ultraterrestre los Estados deben guiarse por los principios siguientes:

1. La exploración y la utilización del espacio ultraterrestre deberán hacerse en provecho y en interés de toda la humanidad.

2. El espacio ultraterrestre y los cuerpos celestes podrán ser libremente explorados y utilizados por todos los Estados en condiciones de igualdad y en conformidad con el derecho internacional.

---

7   Aprobada por la Asamblea General en su Resolución 1962 (XVIII), de 13 de diciembre de 1963.

3. El espacio ultraterrestre y los cuerpos celestes no podrán ser objeto de apropiación nacional mediante reivindicación de soberanía, mediante el uso y la ocupación, ni de ninguna otra manera.

4. Las actividades de los Estados en materia de exploración y utilización del espacio ultraterrestre deberán realizarse de conformidad con el derecho internacional, incluida la Carta de las Naciones Unidas, en interés del mantenimiento de la paz y la seguridad internacionales y del fomento de la cooperación y la comprensión internacionales.

5. Los Estados serán responsables internacionalmente de las actividades nacionales que realicen en el espacio ultraterrestre los organismos gubernamentales o las entidades no gubernamentales, así como de asegurar la observancia, en la ejecución de esas actividades nacionales, de los principios enunciados en la presente Declaración. Las actividades de entidades no gubernamentales en el espacio ultraterrestre deberán ser autorizadas y vigiladas constantemente por el Estado interesado. Cuando se trate de actividades que realice en el espacio ultraterrestre una organización internacional, la responsabilidad en cuanto a la aplicación de los principios proclamados en la presente Declaración corresponderá a esa organización internacional y a los Estados que forman parte de ella.

6. En la exploración y la utilización del espacio ultraterrestre, los Estados se guiarán por el principio de la cooperación y la asistencia mutua y en todas sus actividades en el espacio ultraterrestre deberán tener debidamente en cuenta los intereses correspondientes de los demás Estados. Si un Estado tiene motivos para creer que una actividad o un experimento en el espacio ultraterrestre, proyectado por él o por sus nacionales, crearía un obstáculo capaz de perjudicar las actividades de otros Estados en materia de exploración y utilización del espacio ultraterrestre con fines pacíficos, celebrará las consultas internacionales oportunas antes de emprender esa actividad o ese experimento. Si un Estado tiene motivos para creer que una actividad o un experimento en el espacio ultraterrestre, proyectado por otro Estado, crearía un obstáculo capaz de perjudicar las actividades en materia de exploración y utilización del espacio ultraterrestre con fines pacíficos, podrá pedir que se celebren consultas sobre esa actividad o ese experimento.

7. En el Estado en cuyo registro figure el objeto lanzado al espacio ultraterrestre retendrá su jurisdicción y control sobre tal objeto, así como sobre todo el personal que vaya en él, mientras se encuentre en el espacio ultraterrestre. La propiedad de los objetos lanzados al espacio ultraterrestre y de sus partes componentes no se modificará con motivo de su paso por el espacio ultraterrestre ni de su regreso a la Tierra. Cuando esos objetos o esas partes componentes sean hallados fuera de los límites del Estado en cuyo registro figuren, se devolverán a ese Estado, que deberá proporcionar, antes de que se efectúe la devolución, los datos de identificación que en su caso se soliciten.

8. Todo Estado que lance u ocasione el lanzamiento de un objeto al espacio ultraterrestre, y todo Estado desde cuyo territorio o cuyas instalaciones se lance un objeto, serán responsables internacionalmente de los daños causados a otro Estado extranjero o a sus personas naturales o jurídicas por dicho objeto o sus partes componentes en tierra, en el espacio aéreo o en el espacio ultraterrestre.

9. Los Estados considerarán a todos los astronautas como enviados de la humanidad en el espacio ultraterrestre, y les prestarán toda la ayuda posible en caso de accidente, peligro o aterrizaje forzoso en el territorio de un Estado extranjero o en alta mar. Los astronautas que hagan dicho aterrizaje serán devueltos por medio seguro y sin tardanza al Estado de registro de su vehículo espacial.

2.
PRINCIPIOS QUE HAN DE REGIR LA UTILIZACIÓN POR LOS ESTADOS DE SATÉLITES ARTIFICIALES DE LA TIERRA PARA LAS TRANSMISIONES INTERNACIONALES DIRECTAS POR TELEVISIÓN[8]

La Asamblea General,

Recordando su Resolución 2916 (XXVII) de 9 de noviembre de 1972, en la que destacó la necesidad de elaborar los Principios que Han de Regir la Utilización por los Estados de Satélites Artificiales de la Tierra para las Transmisiones Internacionales Directas por Televisión, y teniendo presente la importancia de concertar un acuerdo o acuerdos internacionales,

Recordando además sus Resoluciones 3182 (XXVIII) de 18 de diciembre de 1973, 3234 (XXIX) de 12 de noviembre de 1974, 3388 (XXX) de 18 de noviembre de 1975, 31/8 de 8 de noviembre de 1976, 32/196 de 20 de diciembre de 1977, 33/16 de 10 de noviembre de 1978, 34/66 de 5 de diciembre de 1979 y 35/14 de 3 de noviembre de 1980, así como su Resolución 36/35 de 18 de noviembre de 1981, en la que decidió considerar, en su trigésimo séptimo período de sesiones, la aprobación de un proyecto de conjunto de Principios que Han de Regir la Utilización por los Estados de Satélites Artificiales de la Tierra para las Transmisiones Internacionales Directas por Televisión,

Tomando nota con reconocimiento de los esfuerzos realizados en la Comisión sobre la Utilización del Espacio Ultraterrestre con Fines Pacíficos y su Subcomisión de Asuntos Jurídicos para aplicar las directrices formuladas en las resoluciones mencionadas,

Teniendo en cuenta que se han llevado a cabo diversos experimentos de transmisión directa mediante satélites y que en algunos países se hallan en condiciones de entrar en funcionamiento varios sistemas de transmisión directa mediante satélite que pueden ser comercializados en el futuro inmediato,

Tomando en consideración que el funcionamiento de satélites de transmisión internacional directa tendrá importantes consecuencias políticas, económicas, sociales y culturales internacionales,

Estimando que el establecimiento de principios para las transmisiones internacionales directas por televisión contribuirá al fortalecimiento de la cooperación internacional en esta esfera y a promover los propósitos y principios de la Carta de las Naciones Unidas,

Aprueba los Principios que Han de Regir la Utilización por los Estados de Satélites Artificiales de la Tierra para las Transmisiones Internacionales Directas por Televisión, enunciados en el anexo de la presente resolución.

---

8   Aprobados por la Asamblea General en su Resolución 37/92, de 10 de diciembre de 1982.

ANEXO

PRINCIPIOS QUE HAN DE REGIR LA UTILIZACIÓN POR LOS ESTADOS DE SATÉLITES ARTIFICIALES DE LA TIERRA PARA LAS TRANSMISIONES INTERNACIONALES DIRECTAS POR TELEVISIÓN.

A. Propósitos y objetivos.

1. Las actividades en el campo de las transmisiones internacionales directas por televisión mediante satélites deberán realizarse de manera compatible con los derechos soberanos de los Estados, inclusive el principio de la no intervención, así como con el derecho de toda persona a investigar, recibir y difundir información e ideas, consagrados en los instrumentos pertinentes de las Naciones Unidas.

2. Esas actividades deberán promover la libre difusión y el intercambio mutuo de información y conocimientos en las esferas de la cultura y de la ciencia, contribuir al desarrollo educativo, social y económico, especialmente de los países en desarrollo, elevar la calidad de la vida de todos los pueblos y proporcionar esparcimiento con el debido respeto a la integridad política y cultural de los Estados.

3. Estas actividades deberán desarrollarse de manera compatible con el fomento del entendimiento mutuo y el fortalecimiento de las relaciones de amistad y cooperación entre todos los Estados y pueblos con miras al mantenimiento de la paz y la seguridad internacionales.

B. Aplicabilidad del derecho internacional.

4. Las actividades en el campo de las transmisiones internacionales directas de televisión mediante satélites deberán realizarse de conformidad con el derecho internacional, incluidos la Carta de las Naciones Unidas, el Tratado sobre los Principios que Deben Regir las Actividades de los Estados en la Exploración y Utilización del Espacio Ultraterrestre, incluso la Luna y otros Cuerpos Celestes, de 27 de enero de 1967, las disposiciones pertinentes del Convenio Internacional de Telecomunicaciones y su reglamento de radiocomunicaciones y los instrumentos internacionales relativos a las relaciones de amistad y a la cooperación entre los Estados y a los derechos humanos.

C. Derechos y beneficios.

5. Todo Estado tiene igual derecho a realizar actividades en el campo de las transmisiones internacionales directas por televisión mediante satélites y a autorizar esas actividades por parte de personas naturales y jurídicas bajo su jurisdicción. Todos los Estados y pueblos tienen derecho a gozar y deberán gozar de los beneficios de esas actividades. Todos los Estados, sin discriminación, deberán tener acceso a la tecnología en ese campo en condiciones mutuamente convenidas por todas las partes interesadas.

D. Cooperación internacional.

6. Las actividades en el campo de las transmisiones internacionales directas de televisión mediante satélites deberán estar basadas en la cooperación internacional y fomentarla. Esta cooperación deberá ser objeto de acuerdos apropiados. Deberán tenerse especialmente en cuenta las necesidades de los países en desarrollo en la utilización de las transmisiones internacionales directas por televisión mediante satélites para acelerar su desarrollo nacional.

E. Arreglo pacífico de controversias.

7. Toda controversia internacional que pueda derivarse de las actividades a que se refieren estos principios deberá resolverse mediante los procedimientos que para el arreglo pacífico de las controversias hayan establecido, de común acuerdo, las partes en la controversia, de conformidad con las disposiciones de la Carta de las Naciones Unidas.

F. Responsabilidad de los Estados.

8. Los Estados deberán ser internacionalmente responsables de las actividades emprendidas en el campo de las transmisiones internacionales directas por televisión mediante satélites que lleven a cabo o que se realicen bajo su jurisdicción, y de la conformidad de cualesquiera de esas actividades con los principios enunciados en el presente documento.

9. Cuando las transmisiones internacionales directas de televisión mediante satélites sean efectuadas por una organización internacional intergubernamental, la responsabilidad mencionada en el párrafo 8 *supra* deberá recaer sobre dicha organización y sobre los Estados que participen en ella.

G. Derecho y deber de consulta.

10. Todo Estado transmisor o receptor, perteneciente a un servicio de transmisiones internacionales directas por televisión mediante satélites establecido entre Estados, celebrará con prontitud, a solicitud de cualquier otro Estado transmisor o receptor perteneciente al mismo servicio, consultas con el Estado solicitante acerca de sus actividades en el campo de las transmisiones internacionales directas por televisión mediante satélites, sin perjuicio de otras consultas que estos Estados puedan celebrar sobre este tema con cualquier otro Estado.

H. Derechos de autor y derechos conexos.

11. Sin perjuicio de las disposiciones pertinentes del derecho internacional, los Estados deberán cooperar bilateral y multilateralmente para velar por la protección de los derechos de autor y derechos conexos mediante la concertación de acuerdos apropiados entre los Estados interesados o las personas jurídicas competentes que actúen bajo su jurisdicción. En esta cooperación deberán tener especialmente en cuenta los intereses de los países en desarrollo en la utilización de las transmisiones directas por televisión para acelerar su desarrollo nacional.

I. Notificación a las Naciones Unidas.

12. A fin de promover la cooperación internacional en la exploración y la utilización del espacio ultraterrestre con fines pacíficos, los Estados que realicen o autoricen actividades en el campo de las transmisiones internacionales directas por televisión mediante satélites deberán informar en la mayor medida posible al Secretario General de las Naciones Unidas acerca de la índole de dichas actividades. Al recibir esa información, el Secretario General deberá darle difusión inmediata y eficaz, transmitiéndola a los organismos especializados competentes, a la comunidad científica internacional y al público en general.

J. Consultas y acuerdos entre los Estados.

13. Un Estado que se proponga establecer un servicio de transmisiones internacionales directas por televisión mediante satélites, o autorizar su establecimiento, notificará sin demora su intención al Estado o Estados receptores e iniciará prontamente consultas con cualquiera de los Estados que lo solicite.

14. Solo se establecerá un servicio de transmisiones internacionales directas por televisión mediante satélites tras haberse cumplido las condiciones enunciadas en el párrafo 13 *supra*, y sobre la base de los acuerdos y/o arreglos previstos en los instrumentos pertinentes de la Unión Internacional de Telecomunicaciones y de conformidad con estos principios.

15. Por lo que respecta al desbordamiento inevitable de la irradiación de la señal del satélite, se aplicarán exclusivamente los instrumentos pertinentes de la Unión Internacional de Telecomunicaciones.

3.
PRINCIPIOS RELATIVOS A LA TELEOBSERVACIÓN DE LA TIERRA DESDE EL ESPACIO[9]

La Asamblea General,

Recordando su Resolución 3234 (XXIX) de 12 de noviembre de 1974, en la que pedía a la Comisión sobre la Utilización del Espacio Ultraterrestre con Fines Pacíficos y a su Subcomisión de Asuntos Jurídicos que examinaran la cuestión de las consecuencias jurídicas de la teleobservación de la Tierra desde el espacio, así como sus Resoluciones 3388 (XXX) de 18 de noviembre de 1975, 31/8 de 8 de noviembre de 1976, 32/196 A de 20 de diciembre de 1977, 33/16 de 10 de noviembre de 1978, 34/66 de 5 de diciembre de 1979, 35/14 de 3 de noviembre de 1980, 36/35 de 18 de noviembre de 1981, 37/89 de 10 de diciembre de 1982, 38/80 de 15 de diciembre de 1983, 39/96 de 14 de diciembre de 1984 y 40/162 de 16 de diciembre de 1985, en las que pedía un examen pormenorizado de las consecuencias jurídicas de la teleobservación de la Tierra desde el espacio, con el objeto de formular proyectos de principios relativos a la teleobservación,

Habiendo examinado el informe de la Comisión sobre la Utilización del Espacio Ultraterrestre con Fines Pacíficos sobre la labor realizada en su 29.° período de sesiones[10] y el texto del proyecto de Principios relativos a la Teleobservación de la Tierra desde el Espacio que figura como anexo al mismo,

Tomando nota con satisfacción de que la Comisión sobre la Utilización del Espacio Ultraterrestre con Fines Pacíficos, sobre la base de las deliberaciones de su Subcomisión de Asuntos Jurídicos, ha hecho suyo el texto del proyecto de principios relativos a la teleobservación de la Tierra desde el espacio,

Estimando que la aprobación de los Principios relativos a la Teleobservación de la Tierra desde el Espacio contribuirá al fortalecimiento de la cooperación internacional en esa esfera,

Aprueba los Principios relativos a la Teleobservación de la Tierra desde el Espacio que figuran en el anexo a la presente Resolución.

---

9   Aprobados por la Asamblea General en su Resolución 41/65, de 3 de diciembre de 1986.

10   Documentos Oficiales de la Asamblea General, cuadragésimo primer período de sesiones, Suplemento núm. 20 y corrección (A/41/20 y Corr.1).

ANEXO
PRINCIPIOS RELATIVOS A LA TELEOBSERVACIÓN DE LA TIERRA DESDE EL ESPACIO

Principio I.

A los efectos de los presentes principios sobre las actividades de teleobservación:

a) Por «teleobservación» se entiende la observación de la superficie terrestre desde el espacio, utilizando las propiedades de las ondas electromagnéticas emitidas, reflejadas o difractadas por los objetos observados, para fines de mejoramiento de la ordenación de los recursos naturales, de utilización de tierras y de protección del medio ambiente;

b) Por «datos primarios» se entiende los datos brutos recogidos mediante equipos de teleobservación transportados en un objeto espacial y que se transmiten o se hacen llegar al suelo desde el espacio por telemetría, en forma de señales electromagnéticas, mediante película fotográfica, cinta magnética, o por cualquier otro medio;

c) Por «datos elaborados» se entiende los productos resultantes de la elaboración de los datos primarios necesaria para hacer utilizables esos datos;

d) Por «información analizada» se entiende la información resultante de la interpretación de los datos elaborados, otros datos básicos e información procedente de otras fuentes;

e) Por «actividades de teleobservación» se entiende la explotación de sistemas espaciales de teleobservación, de estaciones de recepción y archivo de datos primarios y las actividades de elaboración, interpretación y difusión de datos elaborados.

Principio II.

Las actividades de teleobservación se realizarán en provecho e interés de todos los países, sea cual fuere su grado de desarrollo económico, social o científico y tecnológico y teniendo especialmente en cuenta las necesidades de los países en desarrollo.

Principio III.

Las actividades de teleobservación se realizarán de conformidad con el derecho internacional, inclusive la Carta de las Naciones Unidas, el Tratado sobre los Principios que Deben Regir las Actividades de los Estados en la Exploración y Utilización del Espacio Ultraterrestre, incluso la Luna y otros Cuerpos Celestes, y los instrumentos pertinentes de la Unión Internacional de Telecomunicaciones.

Principio IV.

Las actividades de teleobservación se realizarán de conformidad con los principios contenidos en el artículo I del Tratado sobre los Principios que Deben Regir las Actividades de los Estados en la Exploración y Utilización del Espacio Ultraterrestre, incluso la Luna y otros Cuerpos Celestes, en el cual se dispone en particular que la exploración y utilización del espacio ultraterrestre deberán hacerse en provecho y en interés de todos los países, sea cual fuere su grado de desarrollo económico y científico, y se establece el principio de que el espacio ultraterrestre estará abierto para su exploración y utilización en condiciones de igualdad. Estas actividades se realizarán sobre la base del respeto del principio de la soberanía plena y permanente de todos los Estados y pueblos sobre su propia riqueza y sus propios recursos naturales, teniendo debidamente en cuenta los derechos e intereses, conforme al derecho internacional, de otros Estados y entidades bajo la jurisdicción de estos. Tales actividades no deberán realizarse en forma perjudicial para los legítimos derechos e intereses del Estado observado.

Principio V.

Los Estados que realicen actividades de teleobservación promoverán la cooperación internacional en esas actividades. Con tal fin, esos Estados darán a otros Estados oportunidades de participar en esas actividades. Esa participación se basará en cada caso en condiciones equitativas y mutuamente aceptables.

Principio VI.

Para obtener el máximo de beneficios de las actividades de teleobservación, se alienta a los Estados a que, por medio de acuerdos u otros arreglos, establezcan y exploten estaciones de recepción y archivo de datos e instalaciones de elaboración e interpretación de datos, particularmente en el marco de acuerdos o arreglos regionales, cuando ello sea posible.

Principio VII.

Los Estados que participen en actividades de teleobservación prestarán asistencia técnica a los otros Estados interesados, en condiciones mutuamente convenidas.

Principio VIII.

Las Naciones Unidas y los organismos pertinentes del sistema de las Naciones Unidas fomentarán la cooperación internacional, incluidas la asistencia técnica y la coordinación en la esfera de la teleobservación.

Principio IX.

De conformidad con el artículo IV del Convenio sobre el Registro de Objetos Lanzados al Espacio Ultraterrestre y con el artículo XI del Tratado sobre los Principios que Deben Regir las Actividades de los Estados en la Exploración y Utilización del Espacio Ultraterrestre, incluso la Luna y otros Cuerpos Celestes, el Estado que realice un programa de teleobservación informará de ello al Secretario General de las Naciones Unidas. Comunicará también, en la mayor medida posible dentro de lo viable y factible, toda la demás información pertinente a cualquier Estado, y especialmente a todo país en desarrollo afectado por ese programa, que lo solicite.

Principio X.

La teleobservación deberá promover la protección del medio ambiente natural de la Tierra.

Con tal fin, los Estados que participen en actividades de teleobservación y que tengan en su poder información que pueda prevenir fenómenos perjudiciales para el medio ambiente natural de la Tierra la darán a conocer a los Estados interesados.

Principio XI.

La teleobservación deberá promover la protección de la humanidad contra los desastres naturales.

Con tal fin, los Estados que participen en actividades de teleobservación y que tengan en su poder datos elaborados e información analizada que puedan ser útiles a Estados que hayan sido afectados por desastres naturales o probablemente hayan de ser afectados por un desastre natural inminente, los transmitirán a los Estados interesados lo antes posible.

Principio XII.

Tan pronto como sean producidos los datos primarios y los datos elaborados que correspondan al territorio bajo su jurisdicción, el Estado objeto de la teleobservación tendrá acceso a ellos sin discriminación y a un costo razonable. Tendrá acceso asimismo, sin discriminación y en idénticas condiciones, teniendo particularmente en cuenta las necesidades y los intereses de los países en desarrollo, a la información analizada disponible que corresponda al territorio bajo su jurisdicción y que posea cualquier Estado que participe en actividades de teleobservación.

Principio XIII.

Con el fin de promover e intensificar la cooperación internacional, especialmente en relación con las necesidades de los países en desarrollo, el Estado que realice actividades de teleobservación de la Tierra desde el espacio ultraterrestre celebrará consultas con el Estado cuyo territorio esté observando, cuando este lo solicite, con miras a ofrecer oportunidades de participación y a aumentar los beneficios mutuos que produzcan estas actividades.

Principio XIV.

De conformidad con el artículo VI del Tratado sobre los Principios que Deben Regir las Actividades de los Estados en la Exploración y Utilización del Espacio Ultraterrestre, incluso la Luna y otros Cuerpos Celestes, los Estados que utilicen satélites de teleobservación serán responsables internacionalmente de sus actividades y deberán asegurar que ellas se efectúen de conformidad con los presentes principios y con las normas del derecho internacional, independientemente de que sean realizadas por organismos gubernamentales o entidades no gubernamentales o por conducto de organizaciones internacionales de las que formen parte esos Estados. El presente principio deberá entenderse sin perjuicio de la aplicabilidad de las normas del derecho internacional sobre la responsabilidad de los Estados en lo que respecta a las actividades de teleobservación.

Principio XV.

Las controversias que surjan en relación con la aplicación de los presentes principios serán resueltas mediante los procedimientos establecidos para el arreglo pacífico de controversias.

4.
PRINCIPIOS PERTINENTES A LA UTILIZACIÓN DE FUENTES DE ENERGÍA NUCLEAR EN EL ESPACIO ULTRATERRESTRE[11]

La Asamblea General,

Habiendo examinado el informe de la Comisión sobre la Utilización del Espacio Ultraterrestre con Fines Pacíficos sobre la labor realizada en su 35.º período de sesiones[12] y el texto de los Principios pertinentes a la Utilización de Fuentes de Energía Nuclear en el Espacio Ultraterrestre aprobado por la Comisión y reproducido en el anexo de su informe[13],

Reconociendo que para algunas misiones en el espacio ultraterrestre las fuentes de energía nuclear son especialmente idóneas o incluso indispensables debido a que son compactas, de larga vida y tienen otras características apropiadas,

Reconociendo también que la utilización de fuentes de energía nuclear en el espacio ultraterrestre debería centrarse en las aplicaciones en que se aprovechen las propiedades particulares de dichas fuentes de energía,

Reconociendo asimismo que la utilización de fuentes de energía nuclear en el espacio ultraterrestre debe basarse en una evaluación exhaustiva en materia de seguridad, incluido el análisis probabilístico del riesgo, con especial hincapié en la reducción del riesgo de exposición accidental del público a radiación o materiales radiactivos nocivos,

Reconociendo la necesidad a ese respecto de un conjunto de principios que entrañe objetivos y directrices para garantizar que la utilización de fuentes de energía nuclear en el espacio ultraterrestre se haga en condiciones de seguridad,

Afirmando que el presente conjunto de Principios se aplica a las fuentes de energía nuclear en el espacio ultraterrestre destinadas a la generación de energía eléctrica a bordo de objetos espaciales para fines distintos de la propulsión, cuyas características sean en general comparables a las de los sistemas utilizados y las misiones realizadas en el momento de la aprobación de los Principios,

Reconociendo que el presente conjunto de Principios estará sujeto a revisiones futuras a la luz de las nuevas aplicaciones de la energía nuclear y de las recomendaciones internacionales sobre protección radiológica que vayan surgiendo,

Aprueba los Principios pertinentes a la Utilización de Fuentes de Energía Nuclear en el Espacio Ultraterrestre que se enuncian a continuación.

---

11 Aprobados por la Asamblea General en su Resolución 47/68, de 14 de diciembre de 1992.

12 Documentos Oficiales de la Asamblea General, cuadragésimo séptimo período de sesiones, Suplemento núm. 20 (A/47/20).

13 *Ibid.*, anexo.

Principio 1. Aplicabilidad del derecho internacional.

Las actividades relativas a la utilización de fuentes de energía nuclear en el espacio ultra-terrestre se efectuarán de conformidad con el derecho internacional, particularmente de conformidad con la Carta de las Naciones Unidas y el Tratado sobre los Principios que Deben Regir las Actividades de los Estados en la Exploración y Utilización del Espacio Ultra-terrestre, incluso la Luna y otros Cuerpos Celestes.

Principio 2. Uso de expresiones.

1. A los efectos de los presentes Principios, las expresiones «Estado de lanzamiento» o «Estado que lance un objeto espacial» denotan el Estado que ejerza la jurisdicción y el control sobre un objeto espacial con fuentes de energía nuclear a bordo en un momento determinado, en relación con el principio de que se trate.

2. A los efectos del principio 9, se aplicará la definición de la expresión «Estado de lanza-miento» que figura en ese principio.

3. A los efectos del principio 3, los términos «previsible» y «posible» denotan un tipo de acontecimientos o circunstancias cuya probabilidad general de producirse es tal que se considera que incluye sólo posibilidades creíbles a efectos de los análisis de seguridad. La expresión «principio general de defensa en profundidad», aplicada a fuentes de energía nuclear en el espacio ultraterrestre, se refiere al uso de características de diseño y fun-cionamiento en la misión que sustituyan a los sistemas activos o se añadan a ellos para impedir desperfectos de los sistemas o mitigar sus consecuencias. Para lograr este fin no se requieren necesariamente sistemas de seguridad duplicados para cada componente deter-minado. Dadas las necesidades especiales del uso en el espacio y de las diversas misiones, ningún conjunto particular de sistemas o características puede considerarse indispensable para lograr ese objetivo. A los efectos del inciso d) del párrafo 2 del principio 3, la expresión «etapa crítica» no incluye medidas como el ensayo con potencia cero, que son fundamen-tales para garantizar la seguridad de los sistemas.

Principio 3. Directrices y criterios para la utilización en condiciones de seguridad.

A fin de reducir al mínimo la cantidad de material radiactivo en el espacio y los riesgos que este entraña, la utilización de fuentes de energía nuclear en el espacio ultraterrestre se limitará a las misiones espaciales que no puedan funcionar en forma razonable con fuentes de energía no nucleares.

1. Objetivos generales de protección contra la radiación y seguridad nuclear.

a) Los Estados que lancen objetos espaciales con fuentes de energía nuclear a bordo se esforzarán por proteger a las personas, la población y la biosfera de los peligros radiológicos. El diseño y la utilización de objetos espaciales con fuentes de energía nuclear a bordo garantizarán, con un alto grado de fiabilidad, que los riesgos, en cir-cunstancias operacionales o accidentales previsibles, se mantengan por debajo de los niveles aceptables definidos en los incisos b) y c) del párrafo 1.

Las fuentes de energía nuclear deberán diseñarse también y utilizarse de modo que se garantice con un alto grado de fiabilidad que el material radiactivo no produzca una contaminación importante del espacio ultraterrestre;

b) Durante el funcionamiento normal de objetos espaciales con fuentes de energía nuclear a bordo, incluido el reingreso desde una órbita suficientemente alta según se define en el inciso b) del párrafo 2, deberá observarse el objetivo de la protección adecuada contra la radiación recomendado por la Comisión Internacional de Protec-ción contra las Radiaciones. Durante dicho funcionamiento no habrá una exposición radiológica apreciable;

c) Para limitar la exposición en caso de accidente, en el diseño y la construcción de los sistemas de fuente de energía nuclear se tendrán en cuenta las directrices internacio-nales generalmente aceptadas y pertinentes sobre la protección contra las radiaciones.

Excepto en los casos de poca probabilidad de accidentes con consecuencias radiológicas potencialmente graves, el diseño de los sistemas de fuente de energía nuclear deberá limitar, con un alto grado de confianza, la exposición a la radiación a una región geográfica reducida y, en lo que respecta a las personas, al límite principal de 1 mSv por año. Es admisible utilizar un límite subsidiario de 5 mSv por año durante algunos años, siempre que la dosis equivalente efectiva anual media durante una vida no supere el límite principal de 1 mSv por año.

La probabilidad de accidentes con consecuencias radiológicas potencialmente graves mencionada anteriormente se mantendrá a un nivel sumamente bajo por medio del diseño del sistema.

Las modificaciones futuras de las directrices a que se hace referencia en este apartado se aplicarán lo antes posible;

d) Los sistemas importantes para la seguridad se diseñarán, construirán y utilizarán de conformidad con el principio general de defensa en profundidad. Según este principio, las fallas o desperfectos previsibles que guarden relación con la seguridad deben poder corregirse y contrarrestarse mediante una acción o un procedimiento, posiblemente automático.

La fiabilidad de los sistemas importantes para la seguridad quedará asegurada, entre otras cosas, mediante la redundancia, la separación física, el aislamiento funcional y una independencia suficiente de sus componentes.

También se adoptarán otras medidas para elevar el nivel de seguridad.

2. Reactores nucleares.

a) Los reactores nucleares podrán funcionar:

i) En misiones interplanetarias;

ii) En órbitas suficientemente altas definidas en el inciso b) del párrafo 2;

iii) En órbitas terrestres bajas si se estacionan en una órbita suficientemente alta después de la parte operacional de su misión.

b) Una órbita suficientemente alta es aquella en que la vida orbital es lo suficientemente larga para que se produzca una desintegración suficiente de los productos de la fisión hasta llegar a una actividad del orden de la de los actínidos. La órbita debe ser tal que se reduzcan al mínimo los riesgos para las misiones al espacio ultraterrestre actuales y futuras y los riesgos de colisión con otros objetos espaciales. Para la determinación de la altura de una órbita suficientemente alta se tendrá en cuenta la necesidad de que las piezas de un reactor destruido alcancen también el nivel necesario de desintegración antes de reingresar a la atmósfera terrestre;

c) En los reactores nucleares sólo se deberá usar como combustible uranio 235 altamente enriquecido. En la concepción deberá tenerse en cuenta la desintegración radiológica de los productos de fisión y de activación;

d) Los reactores nucleares no deberán alcanzar la etapa crítica antes de haber llegado a la órbita operacional o haber alcanzado la trayectoria interplanetaria;

e) El diseño y la construcción del reactor nuclear deberán garantizar que este no pueda alcanzar la etapa crítica antes de llegar a la órbita operacional en todas las circunstancias posibles, entre ellas la explosión del cohete, el reingreso, el impacto en tierra o agua, la inmersión en agua o la penetración de agua en el núcleo del reactor;

f) A fin de reducir en grado considerable la posibilidad de desperfectos en los satélites con reactores nucleares a bordo durante el funcionamiento en una órbita que tenga una vida más corta que una órbita suficientemente alta (incluido el funcionamiento durante la transferencia a la órbita suficientemente alta), deberá haber un sistema operacional muy fiable que garantice la destrucción eficaz y controlable del reactor.

3. Generadores isotópicos.

a) Los generadores isotópicos podrían utilizarse para misiones interplanetarias u otras misiones más allá del campo gravitatorio de la Tierra. También pueden utilizarse en órbitas terrestres si se estacionan en una órbita alta luego de concluir la parte operacional de su misión. En todo caso, es necesario, en última instancia, destruirlos;

b) Los generadores isotópicos deberán estar protegidos por un sistema de contención concebido y construido para que soporte el calor y las fuerzas aerodinámicas durante el reingreso en la atmósfera superior en todas las condiciones orbitales previsibles, incluidas órbitas muy elípticas o hiperbólicas, en su caso. El sistema de contención y la forma física del isótopo deberán garantizar que no se produzca la dispersión de material radiactivo en el medio ambiente, de modo que la zona de impacto pueda quedar totalmente libre de radiactividad mediante una operación de recuperación.

Principio 4. Evaluaciones de seguridad.

1. En la etapa de lanzamiento, el Estado de lanzamiento definido en el párrafo 1 del principio 2 tomará disposiciones para que, antes del lanzamiento, se proceda a una evaluación a fondo y exhaustiva de las condiciones de seguridad, en colaboración, cuando proceda, con quienes hayan diseñado, construido o fabricado la fuente de energía nuclear o quienes hayan de encargarse del funcionamiento del objeto espacial que lleve la fuente de energía nuclear a bordo o desde cuyo territorio o instalaciones se lance ese objeto. La evaluación abarcará también todas las fases pertinentes de la misión y todos los sistemas correspondientes, incluidos los medios de lanzamiento, la plataforma espacial, la fuente de energía nuclear y su equipo, y los medios de control y comunicación entre la Tierra y el espacio.

2. La evaluación se ajustará a las directrices y los criterios para la utilización en condiciones de seguridad enunciados en el principio 3.

3. De conformidad con el artículo XI del Tratado sobre los Principios que Deben Regir las Actividades de los Estados en la Exploración y Utilización del Espacio Ultraterrestre, incluso la Luna y otros Cuerpos Celestes, los resultados de las evaluaciones de seguridad, junto con una indicación del período aproximado del lanzamiento, en la medida en que ello sea posible, se harán públicos antes de cada lanzamiento y se informará al Secretario General de las Naciones Unidas sobre la forma en que los Estados puedan llegar a conocer tales resultados de las evaluaciones de seguridad, a la mayor brevedad posible, antes de cada lanzamiento.

Principio 5. Notificación del reingreso.

1. El Estado que lance un objeto espacial con fuentes de energía nuclear a bordo deberá informar oportunamente a los Estados interesados en caso de que hubiera fallas de funcionamiento que entrañaran el riesgo de reingreso a la Tierra de materiales radiactivos. La información debe ajustarse al siguiente modelo:

a) Parámetros del sistema:

i) Nombre del Estado o los Estados de lanzamiento, incluida la dirección de la autoridad a la que pudiera pedirse información adicional o asistencia en caso de accidente;

ii) Designación internacional;

iii) Fecha y territorio o lugar de lanzamiento;

iv) Información necesaria para poder predecir con la mayor exactitud posible la duración en órbita, la trayectoria y la zona de impacto;

v) Función general del vehículo espacial;

b) Información sobre los riesgos radiológicos de la fuente o las fuentes de energía nuclear:

i) Tipo de fuente (fuente radioisotópica o reactor);

ii) Forma física probable, cantidad y características radiológicas generales del combustible y de los componentes contaminados o activados que tengan probabilidades de llegar a la superficie terrestre. El término «combustible» se refiere al material nuclear utilizado como fuente de calor o de energía.

Esa información deberá transmitirse también al Secretario General de las Naciones Unidas.

2. El Estado de lanzamiento deberá suministrar la información de conformidad con el formato de notificación descrito en el párrafo precedente tan pronto se tenga conocimiento del desperfecto. La información deberá actualizarse con tanta frecuencia como sea posible y la información actualizada deberá difundirse cada vez con mayor frecuencia a medida que se acerque el momento previsto de reingreso en las capas densas de la atmósfera terrestre, de manera que la comunidad internacional esté al corriente de la situación y tenga tiempo suficiente para planificar las actividades que se consideren necesarias en cada país.

3. La información actualizada deberá transmitirse también al Secretario General de las Naciones Unidas con la misma frecuencia.

Principio 6. Consultas.

Los Estados que suministren información en virtud del principio 5 responderán prontamente, en la medida de lo posible, a las solicitudes de información adicional o consultas que formulen otros Estados.

Principio 7. Asistencia a los Estados.

1. Tras la notificación del reingreso previsto en la atmósfera terrestre de un objeto espacial portador de una fuente de energía nuclear y sus componentes, todos los Estados que posean instalaciones de vigilancia y de rastreo comunicarán lo más rápidamente posible al Secretario General de las Naciones Unidas y al Estado interesado, de conformidad con el espíritu de cooperación internacional, la información pertinente de que dispongan sobre el funcionamiento defectuoso del objeto espacial portador de una fuente de energía nuclear, a fin de que los Estados que puedan resultar afectados evalúen la situación y tomen las medidas de precaución que consideren necesarias.

2. Después del reingreso en la atmósfera terrestre de un objeto espacial portador de una fuente de energía nuclear y sus componentes:

a) El Estado de lanzamiento ofrecerá inmediatamente y, si así lo solicita el Estado afectado, prestará inmediatamente la asistencia necesaria para eliminar los efectos nocivos efectivos y posibles, incluida asistencia para determinar la ubicación de la zona de impacto de la fuente de energía nuclear en la superficie terrestre, detectar el material que reingrese y realizar operaciones de recuperación y limpieza;

b) Todos los demás Estados que tengan la capacidad técnica pertinente y las organizaciones internacionales que posean esa capacidad técnica proporcionarán, en la medida de lo posible y previa solicitud del Estado afectado, la asistencia necesaria.

Cuando se facilite asistencia de conformidad con lo dispuesto en los apartados a) y b) *supra*, deberán tenerse en cuenta las necesidades especiales de los países en desarrollo.

Principio 8. Responsabilidad.

De conformidad con el artículo VI del Tratado sobre los Principios que Deben Regir las Actividades de los Estados en la Exploración y Utilización del Espacio Ultraterrestre, incluso la Luna y otros Cuerpos Celestes, los Estados serán responsables internacionalmente de las actividades nacionales que supongan la utilización de fuentes de energía nuclear en el espacio ultraterrestre, realizadas por organismos gubernamentales o entidades no gubernamentales, y deberán asegurar que dichas actividades nacionales se efectúen de conformidad con dicho Tratado y con las recomendaciones contenidas en estos Principios. Cuando una organización internacional realice en el espacio ultraterrestre actividades que supongan la utilización de fuentes de energía nuclear, la responsabilidad por la observancia de dicho Tratado y de las recomendaciones contenidas en estos Principios corresponderá a esa organización y a los Estados que participen en ella.

Principio 9. Responsabilidad e indemnización.

1. De conformidad con el artículo VII del Tratado sobre los Principios que Deben Regir las Actividades de los Estados en la Exploración y la Utilización del Espacio Ultraterrestre, incluso la Luna y otros Cuerpos Celestes, y las disposiciones del Convenio sobre la Responsabilidad Internacional por Daños Causados por Objetos Espaciales, cada Estado que lance un objeto espacial, o que gestione su lanzamiento, y cada Estado desde cuyo territorio o desde cuyas instalaciones se lance un objeto espacial, serán internacionalmente responsables por los daños causados por esos objetos espaciales o sus componentes. Esto se aplica plenamente al caso en que tal objeto espacial lleve a bordo una fuente de energía nuclear. Cuando dos o más Estados lancen conjuntamente un objeto espacial, serán responsables solidariamente por los daños causados, de conformidad con el artículo V del mencionado Convenio.

2. La indemnización que estarán obligados a pagar esos Estados por el daño en virtud del mencionado Convenio se determinará conforme al derecho internacional y a los principios de justicia y equidad, a fin de reparar el daño de manera tal que la persona física o jurídica, el Estado o la organización internacional en cuyo nombre se presente la demanda quede en la misma situación en que habría estado de no haber ocurrido el daño.

3. A los efectos de este principio, la indemnización incluirá el reembolso de los gastos debidamente justificados que se hayan realizado en operaciones de búsqueda, recuperación y limpieza, incluidos los gastos por concepto de asistencia recibida de terceros.

Principio 10. Arreglo de controversias.

Las controversias que surjan en relación con la aplicación de los presentes Principios serán resueltas mediante negociaciones u otros procedimientos establecidos para el arreglo pacífico de controversias, de conformidad con la Carta de las Naciones Unidas.

Principio 11. Examen y revisión.

Los presentes Principios quedarán abiertos a la revisión por la Comisión sobre la Utilización del Espacio Ultraterrestre con Fines Pacíficos a más tardar dos años después de su aprobación.

5.
DECLARACIÓN SOBRE LA COOPERACIÓN INTERNACIONAL EN LA EXPLORACIÓN Y UTILIZACIÓN DEL ESPACIO ULTRATERRESTRE EN BENEFICIO E INTERÉS DE TODOS LOS ESTADOS, TENIENDO ESPECIALMENTE EN CUENTA LAS NECESIDADES DE LOS PAÍSES EN DESARROLLO[14]

La Asamblea General,

Habiendo examinado el informe de la Comisión sobre la Utilización del Espacio Ultraterrestre con Fines Pacíficos sobre la labor realizada en su 39.° período de sesiones[15] y el texto de la Declaración sobre la Cooperación Internacional en la Exploración y Utilización del Espacio Ultraterrestre en Beneficio e Interés de Todos los Estados, teniendo especialmente en cuenta las Necesidades de los Países en Desarrollo, que fue aprobado por la Comisión y figura como anexo de su informe[16],

Teniendo presentes las disposiciones pertinentes de la Carta de las Naciones Unidas,

Recordando especialmente las disposiciones del Tratado sobre los Principios que Deben Regir las Actividades de los Estados en la Exploración y Utilización del Espacio Ultraterrestre, incluso la Luna y otros Cuerpos Celestes,

Recordando asimismo sus resoluciones pertinentes relativas a las actividades en el espacio ultraterrestre,

Teniendo presentes las recomendaciones de la Segunda Conferencia de las Naciones Unidas sobre la Exploración y Utilización del Espacio Ultraterrestre con Fines Pacíficos[17] y de las demás conferencias internacionales pertinentes sobre este tema,

Reconociendo el alcance e importancia cada vez mayores de la cooperación internacional entre los Estados y entre los Estados y las organizaciones internacionales en la exploración y utilización del espacio ultraterrestre con fines pacíficos,

Teniendo en cuenta la experiencia adquirida en actividades internacionales de cooperación,

---

14   Aprobada por la Asamblea General en su Resolución 51/122, de 13 de diciembre de 1996.

15   Documentos Oficiales de la Asamblea General, quincuagésimo primer período de sesiones, Suplemento núm. 20 (A/51/20).

16   *Ibid.*, anexo IV.

17   Véase Informe de la Segunda Conferencia de las Naciones Unidas sobre la Exploración y Utilización del Espacio Ultraterrestre con Fines Pacíficos, Viena, 9 a 21 de agosto de 1982, y correcciones (A/CONF.101/10 y Corr.1 y 2).

Convencida de la necesidad y de la importancia de seguir fortaleciendo la cooperación internacional a fin de establecer una colaboración amplia y eficiente en esa esfera en beneficio e interés de todas las partes involucradas,

Deseosa de facilitar la aplicación del principio de que la exploración y utilización del espacio ultraterrestre, incluso la Luna y otros cuerpos celestes, deberán realizarse en beneficio e interés de todos los países, sea cual fuere su grado de desarrollo económico y científico, e incumben a toda la humanidad,

Aprueba la Declaración sobre la Cooperación Internacional en la Exploración y Utilización del Espacio Ultraterrestre en Beneficio e Interés de Todos los Estados, teniendo especialmente en cuenta las Necesidades de los Países en Desarrollo, que figura en el anexo de la presente resolución.

ANEXO
DECLARACIÓN SOBRE LA COOPERACIÓN INTERNACIONAL EN LA EXPLORACIÓN Y UTILIZACIÓN DEL ESPACIO ULTRATERRESTRE EN BENEFICIO E INTERÉS DE TODOS LOS ESTADOS, TENIENDO ESPECIALMENTE EN CUENTA LAS NECESIDADES DE LOS PAÍSES EN DESARROLLO

1. La cooperación internacional en la exploración y utilización del espacio ultraterrestre con fines pacíficos (en lo sucesivo «cooperación internacional») se realizará de conformidad con las disposiciones del derecho internacional, incluidos la Carta de las Naciones Unidas y el Tratado sobre los Principios que Deben Regir las Actividades de los Estados en la Exploración y Utilización del Espacio Ultraterrestre, incluso la Luna y otros Cuerpos Celestes. La cooperación internacional se realizará en beneficio e interés de todos los Estados, sea cual fuere su grado de desarrollo económico, social, científico o técnico, e incumbirá a toda la humanidad. Deberán tenerse en cuenta especialmente las necesidades de los países en desarrollo.

2. Los Estados pueden determinar libremente todos los aspectos de su participación en la cooperación internacional en la exploración y utilización del espacio ultraterrestre sobre una base equitativa y mutuamente aceptable. Los aspectos contractuales de esas actividades de cooperación deben ser equitativos y razonables, y deben respetar plenamente los derechos e intereses legítimos de las partes interesadas, como, por ejemplo, los derechos de propiedad intelectual.

3. Todos los Estados, en particular los que tienen la capacidad espacial necesaria y programas de exploración y utilización del espacio ultraterrestre, deben contribuir a promover y fomentar la cooperación internacional sobre una base equitativa y mutuamente aceptable. En este contexto, se debe prestar especial atención a los beneficios y los intereses de los países en desarrollo y los países con programas espaciales incipientes o derivados de la cooperación internacional con países con capacidad espacial más avanzada.

4. La cooperación internacional se debe llevar a cabo según las modalidades que los países interesados consideren más eficaces y adecuadas, incluidas, entre otras, la cooperación gubernamental y no gubernamental; comercial y no comercial; mundial, multilateral, regional o bilateral; y la cooperación internacional entre países de distintos niveles de desarrollo.

5. La cooperación internacional, en la que se deben tener especialmente en cuenta las necesidades de los países en desarrollo, debe tener por objeto la consecución de, entre

otros, los siguientes objetivos, habida cuenta de la necesidad de asistencia técnica y de asignación racional y eficiente de recursos financieros y técnicos:

a) Promover el desarrollo de la ciencia y la tecnología espaciales y de sus aplicaciones;

b) Fomentar el desarrollo de una capacidad espacial pertinente y suficiente en los Estados interesados;

c) Facilitar el intercambio de conocimientos y tecnología entre los Estados, sobre una base mutuamente aceptable.

6. Los organismos nacionales e internacionales, las instituciones de investigación, las organizaciones de ayuda para el desarrollo, los países desarrollados y los países en desarrollo deben considerar la utilización adecuada de las aplicaciones de la tecnología espacial y las posibilidades que ofrece la cooperación internacional para el logro de sus objetivos de desarrollo

7. Se debe fortalecer la Comisión sobre la Utilización del Espacio Ultraterrestre con Fines Pacíficos en su función, entre otras, de foro para el intercambio de información sobre las actividades nacionales e internacionales en la esfera de la cooperación internacional en la exploración y utilización del espacio ultraterrestre.

8. Se debe alentar a todos los Estados a que contribuyan al programa de las Naciones Unidas de aplicaciones de la tecnología espacial y a otras iniciativas en la esfera de la cooperación internacional de conformidad con su capacidad espacial y su participación en la exploración y utilización del espacio ultraterrestre.

— TERCERA PARTE —
RESOLUCIONES CONEXAS APROBADAS POR LA ASAMBLEA GENERAL

1.
RESOLUCIONES 1721 A Y B (XVI) DE LA ASAMBLEA GENERAL, DE 20 DE DICIEMBRE DE 1961. COOPERACIÓN INTERNACIONAL PARA LA UTILIZACIÓN DEL ESPACIO ULTRATERRESTRE CON FINES PACÍFICOS

A

La Asamblea General,

Reconociendo que toda la humanidad tiene interés en que se fomente la utilización del espacio ultraterrestre con fines pacíficos y que es preciso reforzar urgentemente la cooperación internacional en este importante campo,

Estimando que sólo debe explorarse y utilizarse el espacio ultraterrestre en beneficio de la humanidad y en provecho de los Estados, sea cual fuere su grado de desarrollo económico o científico,

1. *Recomienda* a los Estados que, en la exploración y utilización del espacio ultraterrestre, se guíen por los siguientes principios:

a) El derecho internacional, incluida la Carta de las Naciones Unidas, se aplica al espacio ultraterrestre y a los cuerpos celestes;

b) El espacio ultraterrestre y los cuerpos celestes podrán ser libremente explorados y utilizados por todos los Estados de conformidad con el derecho internacional y no podrán ser objeto de apropiación nacional;

2. Invita a la Comisión sobre la Utilización del Espacio Ultraterrestre con Fines Pacíficos a que estudie los problemas jurídicos que puedan plantear la exploración y utilización del espacio ultraterrestre y presente un informe sobre el particular.

B

La Asamblea General,

Estimando que las Naciones Unidas deben ser el elemento central de la cooperación internacional en materia de exploración y utilización del espacio ultraterrestre con fines pacíficos,

1. *Pide* a los Estados que hayan lanzado objetos capaces de describir una órbita o alcanzar puntos más distantes, que, por conducto del Secretario General, faciliten cuanto antes a la Comisión sobre la Utilización del Espacio Ultraterrestre con Fines Pacíficos la información respectiva a fin de llevar un registro de los lanzamientos;

2. *Pide* al Secretario General que lleve un registro público de la información facilitada en cumplimiento del párrafo 1 *supra*;

3. *Pide* a la Comisión sobre la Utilización del Espacio Ultraterrestre con Fines Pacíficos que, en cooperación con el Secretario General y haciendo pleno uso de las funciones y los recursos de la Secretaría:

a) Se mantenga en estrecho contacto con las organizaciones gubernamentales y no gubernamentales interesadas en cuestiones relativas al espacio ultraterrestre;

b) Organice el intercambio de la información que sobre las actividades relativas al espacio ultraterrestre faciliten voluntariamente los gobiernos, procurando que ese intercambio constituya un complemento y no una duplicación de los intercambios técnicos y científicos que se estén realizando;

c) Colabore en el estudio de medidas para fomentar la cooperación internacional en actividades relativas al espacio ultraterrestre;

4) Pide además a la Comisión sobre la Utilización del Espacio Ultraterrestre con Fines Pacíficos que informe a la Asamblea General de las disposiciones adoptadas para el ejercicio de esas funciones, y de cualquier hecho relativo a la utilización del espacio ultraterrestre con fines pacíficos que, a su juicio, sea significativo.

2.
RESOLUCIÓN 55/122 DE LA ASAMBLEA GENERAL, DE 8 DE DICIEMBRE DE 2000. COOPERACIÓN INTERNACIONAL PARA LA UTILIZACIÓN DEL ESPACIO ULTRATERRESTRE CON FINES PACÍFICOS (PÁRRAFO 4)

La Asamblea General,

. . .

4. *Toma nota con satisfacción* del acuerdo al que llegó la Subcomisión de Asuntos Jurídicos sobre la cuestión del carácter y utilización de la órbita geoestacionaria, y de la posterior aprobación de ese acuerdo por la Comisión[18];

. . .

ALGUNOS ASPECTOS RELATIVOS A LA UTILIZACIÓN DE LA ÓRBITA DE LOS SATÉLITES GEOESTACIONARIOS. DOCUMENTO APROBADO POR LA SUBCOMISIÓN DE ASUNTOS JURÍDICOS EN SU 39.º PERÍODO DE SESIONES (A/AC.105/738, ANEXO III)

1. En sus resoluciones sobre este particular, la Asamblea General ha venido haciendo suyas periódicamente las recomendaciones de la Comisión sobre la Utilización del Espacio Ultraterrestre con Fines Pacíficos para que la Subcomisión de Asuntos Jurídicos continuara su examen de los asuntos relativos a la definición y delimitación del espacio ultraterrestre y al carácter y utilización de la órbita geoestacionaria, incluida la consideración de medios y arbitrios para asegurar la utilización racional y equitativa de dicha órbita, sin desconocer el papel de la Unión Internacional de Telecomunicaciones (UIT).

2. En 1996 Colombia presentó a la Subcomisión de Asuntos Jurídicos, en su 35.º período de sesiones, un documento de trabajo titulado «Algunos aspectos relativos a la utilización de la órbita de los satélites geoestacionarios» (A/AC.105/ C.2/L.200 y Corr.1), en el que recomendaba ciertos principios que podían aplicarse a la gestión de las frecuencias y posiciones orbitales relacionadas con la órbita de los satélites geoestacionarios.

---

18   Véase *Documentos Oficiales de la Asamblea General, quincuagésimo quinto período de sesiones*, Suplemento núm. 20 (A/55/20), párrafo 129, y A/AC.105/738, anexo III.

3. Tras la presentación y las deliberaciones consiguientes, no resultó posible a la Sub-comisión de Asuntos Jurídicos respaldar el documento. En el 38.° período de sesiones de dicha Subcomisión, celebrado en 1999, tras una excelente exposición hecha por el repre-sentante de Colombia, el resultado de las deliberaciones fue que el punto de vista de Colom-bia debería servir para llegar a un acuerdo sobre un texto que recogiera las inquietudes expresadas, sin que ello diera lugar a dificultades de aplicación con la UIT.

4. La Subcomisión de Asuntos Jurídicos deberá hallar la forma de llegar a un acuerdo sobre esta importante cuestión. Teniendo esto presente y habida cuenta de todas las opi-niones expresadas, la Subcomisión adopta las recomendaciones formuladas en el párrafo 8 *infra*.

5. El párrafo 196.2 del artículo 44 de la Constitución de la UIT, en la forma modificada por la Conferencia de Plenipotenciarios, celebrada en Minneapolis (Estados Unidos de América) en 1998, establece que:

> «En la utilización de bandas de frecuencia para las radiocomunicaciones, los Estados miembros tendrán en cuenta que las frecuencias y la órbita de los satélites geoestacionarios son recursos naturales limitados que deben utilizarse en forma racional, eficaz y económica de conformidad con lo establecido en el Reglamento de Radiocomunicaciones, para permitir el acceso equitativo a esta órbita y a esas frecuencias a los distintos países o grupos de países, teniendo en cuenta las nece-sidades especiales de los países en desarrollo y la situación geográfica de determi-nados países.»

6. El acceso a las bandas de frecuencias distintas de las ya planificadas se rige actual-mente por el principio de que «quien llega primero, tiene prioridad» («*first come, first served*»). Este enfoque, si bien adecuado para los países desarrollados, puede poner en desventaja a los países en desarrollo, especialmente a los que aún no tienen acceso a dicha órbita. Los procedimientos de coordinación existentes que se aplican a las bandas no plani-ficadas se han concebido para superar esa dificultad, pero no son necesariamente del todo satisfactorios. Es, pues, necesario facilitar el acceso al recurso órbita/espectro por parte de los países en desarrollo o de los países que aún están por acceder a este recurso, con res-pecto a los que ya lo utilizan, es decir, asegurar un acceso equitativo entre los países que ya tienen acceso al recurso órbita/espectro y los que tratan de alcanzarlo.

7. En conclusión, la Subcomisión de Asuntos Jurídicos, considera:

a) Que, a tenor del artículo 44 de la Constitución de la UIT, las órbitas de satélites y el espectro de frecuencias radioeléctricas son recursos naturales limitados que deben utilizarse en forma racional, eficaz, económica y equitativa;

b) Que es necesario facilitar un acceso equitativo al recurso órbita/ espectro;

c) Que la UIT ha planificado el uso de algunas bandas de frecuencias y servicios en la órbita geoestacionaria;

d) Que, en el caso de muchas bandas de frecuencias y servicios, el acceso a las fre-cuencias y a las órbitas de satélites, inclusive la órbita de los satélites geoestaciona-rios, se realiza con arreglo al principio de que «quien llega primero, tiene prioridad»;

e) Que la reglamentación vigente sobre el acceso a las frecuencias y a las órbitas de satélites en lo que respecta a las bandas y los servicios puede dar origen a situacio-nes que conlleven procesos de coordinación difíciles entre los países desarrollados, como también los países en desarrollo.

8. Por tanto, la Subcomisión de Asuntos Jurídicos recomienda:

a) Que cuando sea necesaria la coordinación entre países con miras a la utilización de órbitas de satélites, inclusive la órbita de los satélites geoestacionarios, los países interesados tengan en cuenta el hecho de que el acceso a esa órbita debe realizarse, entre otras cosas, de manera equitativa y en conformidad con el Reglamento de Radiocomunicaciones de la UIT. Por consiguiente, en caso de solicitudes equiparables para acceder al recurso órbita/espectro por parte de un país que ya tenga acceso a dicho recurso y un país en desarrollo u otro país que trate de acceder a él, el país que ya tenga ese acceso debe adoptar todas las medidas viables para permitir que el país en desarrollo o el otro país tenga acceso equitativo al recurso órbita/espectro solicitado;

b) Que los países que deseen utilizar frecuencias y órbitas de satélites, incluida la órbita de los satélites geoestacionarios, en los casos previstos anteriormente presenten tales solicitudes conforme a las disposiciones aplicables del Reglamento de Radiocomunicaciones de la UIT, teniendo en cuenta la Resolución 18 de la Conferencia de Plenipotenciarios de la UIT (Kyoto, 1994) y la Resolución 49 de la Conferencia Mundial de Radiocomunicaciones de la UIT (Ginebra, 1997) para garantizar el uso eficaz del recurso órbita/espectro;

c) Que el tema 6 del programa de la Subcomisión de Asuntos Jurídicos continúe inscrito en el programa de dicha Subcomisión. Sin embargo, no se convocará ningún grupo de trabajo sobre la cuestión del acceso equitativo a la órbita geoestacionaria. Esta decisión podría reconsiderarse en su debido momento, de conformidad con el procedimiento habitual de la Subcomisión, si alguna novedad lo aconsejara;

d) Que el presente documento sea puesto en conocimiento de la UIT.

3.
RESOLUCIÓN 59/115 DE LA ASAMBLEA GENERAL, DE 10 DE DICIEMBRE DE 2004. APLICACIÓN DEL CONCEPTO DE «ESTADO DE LANZAMIENTO»

La Asamblea General,

Recordando el Convenio sobre la Responsabilidad Internacional por Daños Causados por Objetos Espaciales y el Convenio sobre el Registro de Objetos Lanzados al Espacio Ultraterrestre,

Teniendo presente que la expresión «Estado de lanzamiento» utilizada en el Convenio sobre Responsabilidad y el Convenio sobre Registro es un concepto importante del derecho del espacio, que un Estado de lanzamiento deberá registrar un objeto espacial de conformidad con lo dispuesto en el Convenio sobre Registro y que en el Convenio sobre Responsabilidad se determinan los Estados que pueden ser responsables de los daños causados por un objeto espacial y que tendrían que pagar indemnización en ese caso,

Tomando nota del informe de la Comisión sobre la Utilización del Espacio Ultraterrestre con Fines Pacíficos acerca de la labor de su 42.º período de sesiones[19] y del informe de la Subcomisión de Asuntos Jurídicos sobre su 41.º período de sesiones, en particular las conclusiones del Grupo de Trabajo sobre el tema titulado «Examen del concepto de 'Estado de lanzamiento'» anexas al informe de la Subcomisión de Asuntos Jurídicos[20],

Observando que nada de lo expuesto en las conclusiones del Grupo de Trabajo o en la presente resolución constituye una interpretación autorizada ni una propuesta de enmienda del Convenio sobre Registro ni del Convenio sobre Responsabilidad,

Observando también que la evolución de las actividades espaciales desde que entraron en vigor el Convenio sobre Responsabilidad y el Convenio sobre Registro entraña el desarrollo constante de nuevas tecnologías, el aumento del número de Estados que realizan actividades espaciales, el aumento de la cooperación internacional en la utilización del espacio ultraterrestre con fines pacíficos y el aumento de las actividades espaciales llevadas a cabo por entidades no gubernamentales, entre ellas las actividades realizadas conjuntamente por organismos gubernamentales y entidades no gubernamentales, así como asociaciones constituidas por entidades no gubernamentales de uno o más países,

Deseosa de facilitar la adhesión a los tratados de las Naciones Unidas relativos al espacio ultraterrestre, en particular el Convenio sobre Responsabilidad y el Convenio sobre Registro, y la aplicación de sus disposiciones,

---

19   *Documentos Oficiales de la Asamblea General, quincuagésimo cuarto período de sesiones*, Suplemento núm. 20 y corrección (A/54/20 y Corr.1).

20   A/AC.105/787, anexo IV, apéndice.

1. *Recomienda* a los Estados que realizan actividades espaciales que, en cumplimiento de las obligaciones internacionales que les incumben en virtud de los tratados de las Naciones Unidas relativos al espacio ultraterrestre, en particular el Tratado sobre los Principios que Deben Regir las Actividades de los Estados en la Exploración y Utilización del Espacio Ultraterrestre, incluso la Luna y otros Cuerpos Celestes, el Convenio sobre la Responsabilidad Internacional por Daños Causados por Objetos Espaciales y el Convenio sobre el Registro de Objetos Lanzados al Espacio Ultraterrestre, así como de otros instrumentos internacionales pertinentes, consideren la posibilidad de promulgar y aplicar legislación nacional por la que se autorice y disponga la supervisión continua de las actividades que llevan a cabo en el espacio ultraterrestre las entidades no gubernamentales que se encuentran bajo su jurisdicción;

2. *Recomienda también* a los Estados que consideren la posibilidad de concertar acuerdos, de conformidad con el Convenio sobre Responsabilidad, relativos a lanzamientos conjuntos o programas de cooperación;

3. *Recomienda además* a la Comisión sobre la Utilización del Espacio Ultraterrestre con Fines Pacíficos que invite a los Estados Miembros a presentar información, a título voluntario, sobre las prácticas que aplican en relación con la transferencia en órbita de la propiedad de objetos espaciales;

4. *Recomienda* a los Estados que, a partir de esa información, estudien la posibilidad de armonizar esas prácticas como corresponda con miras a compatibilizar más la legislación nacional relativa al espacio con las normas de derecho internacional;

5. *Pide* a la Comisión sobre la Utilización del Espacio Ultraterrestre con Fines Pacíficos que, aprovechando plenamente las funciones y los recursos de la Secretaría, siga facilitando a los Estados que lo soliciten información y asistencia pertinentes para elaborar legislación nacional relativa al espacio sobre la base de los tratados pertinentes.

4.
RESOLUCIÓN 62/101 DE LA ASAMBLEA GENERAL, DE 17 DE DICIEMBRE DE 2007. RECOMENDACIONES PARA MEJORAR LA PRÁCTICA DE LOS ESTADOS Y LAS ORGANIZACIONES INTERGUBERNAMENTALES INTERNACIONALES EN CUANTO AL REGISTRO DE OBJETOS ESPACIALES

La Asamblea General,

Recordando el Tratado sobre los Principios que Deben Regir las Actividades de los Estados en la Exploración y Utilización del Espacio Ultraterrestre, incluso la Luna y otros Cuerpos Celestes1 (Tratado sobre el Espacio Ultraterrestre), en particular sus artículos VIII y XI,

Recordando también el Convenio sobre el Registro de Objetos Lanzados al Espacio Ultraterrestre,

Recordando además su Resolución 1721 B (XVI), de 20 de diciembre de 1961,

Recordando su Resolución 41/66, de 3 de diciembre de 1986,

Tomando nota de las partes pertinentes del informe de la Comisión sobre la Utilización del Espacio Ultraterrestre con Fines Pacíficos acerca de la labor de su 50.º período de sesiones[21] y del informe de la Subcomisión de Asuntos Jurídicos sobre su 46.º período de sesiones, en particular las conclusiones del Grupo de Trabajo sobre la práctica de los Estados y las Organizaciones Internacionales en cuanto al Registro de Objetos Espaciales, que figuran en el anexo del informe de la Subcomisión de Asuntos Jurídicos[22],

Observando que nada de lo expuesto en las conclusiones del Grupo de Trabajo o en la presente resolución constituye una interpretación autorizada ni una propuesta de enmienda del Convenio sobre el Registro,

Teniendo presentes los beneficios para los Estados de convertirse en partes del Convenio sobre el Registro, y que al adherirse al Convenio, aplicar y observar sus disposiciones, los Estados:

a) Aumentan la utilidad del Registro de objetos lanzados al espacio ultraterrestre establecido en virtud del artículo III del Convenio sobre el Registro, en el que se inscribe la información proporcionada por los Estados y las organizaciones intergubernamentales internacionales que se dedican a actividades espaciales y han declarado su aceptación de los derechos y obligaciones en virtud del Convenio sobre el Registro;

---

21 *Documentos oficiales de la Asamblea General, sexagésimo segundo período de sesiones*, Suplemento núm. 20 (A/62/20), párrs. 209 a 215.

22 Véase A/AC.105/891, anexo III, apéndice.

b) Se benefician de medios y procedimientos suplementarios, en particular el derecho previsto en el artículo VI del Convenio sobre el Registro, que les resultan de utilidad para la identificación de objetos espaciales,

Señalando que los Estados Partes en el Convenio sobre el Registro y las organizaciones intergubernamentales internacionales que llevan a cabo actividades espaciales, al haber declarado su aceptación de los derechos y obligaciones en virtud del Convenio, han de proporcionar información al Secretario General de conformidad con lo dispuesto en el Convenio y han de establecer un registro apropiado y notificar al Secretario General la creación de dicho registro de conformidad con el Convenio,

Considerando que la adhesión universal al Convenio sobre el Registro, así como la aceptación, aplicación y observancia de sus disposiciones:

a) Conducen a la creación de un mayor número de registros apropiados;

b) Contribuyen al establecimiento de procedimientos y mecanismos para mantener registros apropiados y suministrar información al Registro de objetos lanzados al espacio ultraterrestre;

c) Contribuyen a la unificación de los procedimientos, tanto nacionales como internacionales, para inscribir objetos espaciales en el Registro;

d) Contribuyen a la uniformidad de la información que se suministre y consigne en el Registro en relación con los objetos espaciales incluidos en los registros apropiados;

e) Contribuyen a que se reciba y se inscriba en el Registro información suplementaria relacionada con los objetos espaciales consignados en los registros apropiados e información sobre los objetos que ya no se encuentran en órbita terrestre;

Observando que la evolución de las actividades espaciales desde que entró en vigor el Convenio sobre el Registro entraña el desarrollo constante de nuevas tecnologías, el aumento del número de Estados que realizan actividades espaciales, el aumento de la cooperación internacional en la utilización del espacio ultraterrestre con fines pacíficos y el aumento de las actividades espaciales llevadas a cabo por entidades no gubernamentales, así como asociaciones constituidas por entidades no gubernamentales de más de un país,

Deseosa de lograr el registro más completo posible de los objetos espaciales,

Deseosa también de fomentar la adhesión al Convenio sobre el Registro,

1. Recomienda, con respecto a la adhesión al Convenio sobre el Registro de Objetos Lanzados al Espacio Ultraterrestre, que:

a) Los Estados que no hayan ratificado o no se hayan adherido aún al Convenio sobre el Registro pasen a ser partes en él de conformidad con su derecho interno y, hasta que lo hagan, suministren información de conformidad con la Resolución 1721 B (XVI) de la Asamblea General;

b) Las organizaciones intergubernamentales internacionales que se dediquen a actividades espaciales y que no hayan declarado aún su aceptación de los derechos y obligaciones previstos en el Convenio sobre el Registro lo hagan de conformidad con el artículo VII del Convenio;

2. Recomienda también, en relación con la armonización de las prácticas, que:

a) Se estudie la posibilidad de lograr la uniformidad en el tipo de información que se suministre al Secretario General sobre el registro de objetos espaciales; esa información podría incluir, entre otras cosas:

i) La designación internacional del Comité de Investigaciones Espaciales, cuando resulte procedente;

ii) La hora universal coordinada como referencia cronológica de la fecha de lanzamiento;

    iii) Kilómetros, minutos y grados como unidades tipo de los parámetros orbitales básicos;

    iv) Toda información útil relativa a la función del objeto espacial, además de la correspondiente a su función general que debe presentarse conforme al Convenio sobre el Registro;

b) Se estudie la posibilidad de suministrar al Secretario General la información suplementaria correspondiente sobre los aspectos siguientes:

    i) La ubicación en la órbita geoestacionaria, cuando proceda;

    ii) Toda modificación de la situación de las operaciones (entre otras cosas, si un objeto espacial ha dejado de estar en funcionamiento);

    iii) La fecha aproximada de desintegración o reingreso, en caso de que los Estados puedan verificar esa información;

    iv) La fecha y las condiciones físicas de traslado de un objeto espacial a una órbita de eliminación;

    v) Enlaces a sitios web con información oficial sobre objetos espaciales;

c) Los Estados que realicen actividades espaciales y las organizaciones intergubernamentales internacionales que hayan declarado su aceptación de los derechos y obligaciones previstos en el Convenio sobre el Registro, cuando hayan designado coordinadores de sus registros apropiados, notifiquen a la Oficina de Asuntos del Espacio Ultraterrestre de la Secretaría la información de contacto de esos coordinadores;

3. *Recomienda además*, con objeto de lograr el registro más completo posible de los objetos espaciales, que:

a) Por la complejidad de la estructura jerárquica de las organizaciones intergubernamentales internacionales que se dedican a actividades espaciales, se busque una solución en los casos en que una organización intergubernamental internacional que se dedique a actividades espaciales no haya declarado aún su aceptación de los derechos y obligaciones en virtud del Convenio sobre el Registro, y se halle una solución general de reserva relativa a la inscripción en el registro por organizaciones intergubernamentales internacionales que se dedican a actividades espaciales en los casos en que no haya consenso entre los Estados miembros de esas organizaciones sobre la inscripción;

b) El Estado desde cuyo territorio o desde cuyas instalaciones se haya lanzado un objeto espacial, cuando no haya habido acuerdo previo, entable contacto con los Estados o las organizaciones intergubernamentales internacionales que quepa considerar «Estados de lanzamiento» para determinar conjuntamente cuál Estado o entidad debe inscribir el objeto espacial;

c) En los casos de lanzamientos conjuntos de objetos espaciales, se inscriba cada uno de ellos por separado en el Registro y, sin menoscabo de los derechos y obligaciones de los Estados, los objetos espaciales queden inscritos, de conformidad con el derecho internacional, incluidos los tratados pertinentes de las Naciones Unidas relativos al espacio ultraterrestre, en los registros correspondientes del Estado responsable del funcionamiento del objeto espacial en virtud del artículo VI del Tratado sobre el Espacio Ultraterrestre;

d) Los Estados alienten a los proveedores de servicios de lanzamiento sujetos a su jurisdicción a que aconsejen al propietario y la entidad explotadora del objeto espacial que se dirijan a los Estados pertinentes en relación con el registro de ese objeto espacial;

4. *Recomienda*, en lo relativo a la transferencia del control de un objeto espacial en órbita, que:

a) El Estado de registro, en cooperación con el Estado pertinente con arreglo al artículo VI del Tratado sobre el Espacio Ultraterrestre, suministre al Secretario General información suplementaria, que podría incluir:

i) La fecha de transferencia del control;

ii) La identificación del nuevo propietario o entidad explotadora;

iii) Todo cambio de la posición orbital;

iv) Todo cambio de la función del objeto espacial;

b) Si no hubiera Estado de registro, que el Estado correspondiente en virtud del artículo VI del Tratado sobre el Espacio Ultraterrestre suministre al Secretario General la información antes señalada;

5. Pide a la Oficina de Asuntos del Espacio Ultraterrestre que:

a) Ponga a disposición de todos los Estados y organizaciones intergubernamentales internacionales un modelo de formulario de registro en que se recoja la información que se ha de suministrar a la Oficina de Asuntos del Espacio Ultraterrestre para ayudarlos a presentar la información de registro;

b) Haga pública, a través de su sitio web, la información de contacto de los coordinadores;

c) Establezca enlaces en su sitio web con los registros apropiados que puedan consultarse en la Internet;

6. Recomienda a los Estados y las organizaciones intergubernamentales internacionales que informen a la Oficina de Asuntos del Espacio Ultraterrestre de las novedades relacionadas con su práctica en cuanto al registro de objetos espaciales.

5.
RESOLUCIÓN 68/74 DE LA ASAMBLEA GENERAL, DE 11 DE DICIEMBRE DE 2013. RECOMENDACIONES SOBRE LA LEGISLACIÓN NACIONAL PERTINENTE A LA EXPLORACIÓN Y UTILIZACIÓN DEL ESPACIO ULTRATERRESTRE CON FINES PACÍFICOS

La Asamblea General,

Poniendo de relieve la importancia de disponer de medios adecuados para asegurar la utilización del espacio ultraterrestre con fines pacíficos y el cumplimiento de las obligaciones previstas con arreglo al derecho internacional, en particular, las que figuran en los tratados de las Naciones Unidas relativos al espacio ultraterrestre[23],

Recordando sus Resoluciones 59/115, de 10 de diciembre de 2004, sobre la aplicación del concepto de «Estado de lanzamiento», y 62/101, de 17 de diciembre de 2007, sobre recomendaciones para mejorar la práctica de los Estados y las organizaciones intergubernamentales internacionales en cuanto al registro de objetos espaciales,

Tomando nota de la labor de la Subcomisión de Asuntos Jurídicos de la Comisión sobre la Utilización del Espacio Ultraterrestre con Fines Pacíficos y del informe de su Grupo de Trabajo sobre la Legislación Nacional pertinente a la Exploración y Utilización del Espacio Ultraterrestre con Fines Pacíficos relativo a la labor realizada en el marco de su plan de trabajo plurianual[24],

Observando que nada de lo expuesto en las conclusiones del Grupo de Trabajo o en las presentes recomendaciones constituye una interpretación autorizada ni una propuesta de enmienda de los tratados de las Naciones Unidas relativos al espacio ultraterrestre,

Observando que, en vista de la creciente participación de entidades no gubernamentales en las actividades espaciales, es preciso adoptar medidas adecuadas a nivel nacional, en particular en lo que respecta a la autorización y supervisión de las actividades espaciales no gubernamentales,

---

23   Tratado sobre los Principios que Deben Regir las Actividades de los Estados en la Exploración y Utilización del Espacio Ultraterrestre, incluso la Luna y otros Cuerpos Celestes (Naciones Unidas, *Treaty Series*, vol. 610, núm. 8843); Acuerdo sobre el Salvamento y la Devolución de Astronautas y la Restitución de Objetos Lanzados al Espacio Ultraterrestre (Naciones Unidas, *Treaty Series*, vol. 672, núm. 9574); Convenio sobre la Responsabilidad Internacional por Daños Causados por Objetos Espaciales (Naciones Unidas, *Treaty Series*, vol. 961, núm. 13810); Convenio sobre el Registro de Objetos Lanzados al Espacio Ultraterrestre (Naciones Unidas, *Treaty Series*, vol. 1023, núm. 15020); y Acuerdo que Debe Regir las Actividades de los Estados en la Luna y otros Cuerpos Celestes (Naciones Unidas, *Treaty Series*, vol. 1363, núm. 23002).

24   A/AC.105/C.2/101.

Observando la necesidad de mantener la utilización sostenible del espacio ultraterrestre, en particular mediante la reducción de los desechos espaciales, y de garantizar la seguridad de las actividades espaciales y reducir al mínimo sus posibles efectos negativos en el medio ambiente,

Recordando las disposiciones previstas en los tratados de las Naciones Unidas relativos al espacio ultraterrestre en cuanto al suministro de información, en la mayor medida posible dentro de lo viable y factible, acerca de las actividades realizadas en el espacio ultraterrestre, en particular mediante el registro de los objetos lanzados al espacio ultraterrestre,

Observando la necesidad de coherencia y previsibilidad en la autorización y supervisión de las actividades espaciales, así como la necesidad de establecer un régimen reglamentario práctico relativo a la participación de las entidades no gubernamentales que proporcione nuevos incentivos para la aprobación de marcos reglamentarios a nivel nacional, y observando que algunos Estados también incluyen en dicho marco las actividades espaciales nacionales de carácter gubernamental,

Reconociendo los diferentes enfoques adoptados por los Estados para tratar los diversos aspectos de las actividades espaciales nacionales, a saber, leyes unificadas o una combinación de instrumentos jurídicos nacionales, y observando que los Estados han adaptado sus marcos jurídicos nacionales de acuerdo con sus necesidades específicas y consideraciones prácticas y que los requisitos jurídicos nacionales dependen en gran medida de las actividades espaciales realizadas y del nivel de participación de las entidades no gubernamentales,

Recomienda que, al promulgar marcos reglamentarios para sus actividades espaciales nacionales, los Estados consideren los siguientes elementos, según proceda, de conformidad con su derecho interno y teniendo en cuenta sus necesidades y requisitos específicos:

1. El ámbito de las actividades espaciales abarcadas en los marcos reglamentarios nacionales puede incluir, según proceda, el lanzamiento de objetos al espacio ultraterrestre y su retorno, la explotación de un sitio de lanzamiento o de reingreso y la explotación y el control de objetos espaciales en órbita; otras cuestiones que pueden tomarse en consideración son el diseño y la fabricación de vehículos espaciales, las aplicaciones de la ciencia y la tecnología espaciales y las actividades de exploración e investigación;

2. El Estado, teniendo en cuenta sus obligaciones como Estado de lanzamiento y como Estado responsable de las actividades nacionales en el espacio ultraterrestre en virtud de los tratados de las Naciones Unidas relativos al espacio ultraterrestre, debería determinar la jurisdicción nacional sobre las actividades espaciales realizadas desde el territorio bajo su jurisdicción o control; asimismo, debería autorizar y asegurar la supervisión de las actividades espaciales realizadas en otros países por sus nacionales o las personas jurídicas establecidas, inscritas o domiciliadas en el territorio bajo su jurisdicción o control, a reserva, no obstante, de que si otro Estado ejerce su jurisdicción respecto de esas actividades, el Estado debería estudiar la conveniencia de abstenerse de imponer requisitos que supongan una duplicación de actividades y evitar cargas innecesarias;

3. Las actividades espaciales deberían requerir autorizaciones expedidas por una autoridad nacional competente; dicha autoridad o autoridades, así como las condiciones y procedimientos para la concesión, modificación, suspensión y revocación de las autorizaciones, deberían fijarse claramente en el marco reglamentario; los Estados podrían aplicar procedimientos específicos para conceder licencias o para autorizar distintos tipos de actividades espaciales;

4. Las condiciones de autorización deberían ajustarse a las obligaciones internacionales de los Estados, en particular las previstas en los tratados de las Naciones Unidas relativos al espacio ultraterrestre y en otros instrumentos pertinentes, y podrán reflejar los intereses nacionales de cada Estado en materia de seguridad y política exterior; las condiciones de autorización deberían contribuir a facilitar la verificación de que las actividades espaciales se realizan de manera segura y con riesgo mínimo para las personas, el medio ambiente o los bienes, y que no conducen a una interferencia perjudicial con otras actividades espaciales; esas condiciones podrían aplicarse también a la experiencia, los conocimientos especiali-

zados y las calificaciones técnicas del solicitante, e incluir normas de seguridad y técnicas que se ajusten, en particular, a las Directrices para la Reducción de Desechos Espaciales de la Comisión sobre la Utilización del Espacio Ultraterrestre con Fines Pacíficos[25];

5. Deberían existir procedimientos adecuados para garantizar la supervisión y vigilancia continuas de las actividades espaciales autorizadas aplicando, por ejemplo, un sistema de inspecciones in situ o un mecanismo más general de notificación; en los mecanismos de ejecución podrían preverse medidas administrativas, como la suspensión o revocación de la autorización, o sanciones, según proceda;

6. Debería llevarse un registro nacional de objetos lanzados al espacio ultraterrestre del que se encargase una autoridad nacional competente; se debería solicitar a los operadores o propietarios de objetos espaciales en relación con los cuales el Estado esté considerado el Estado de lanzamiento o el Estado responsable de las actividades nacionales en el espacio ultraterrestre en virtud de los tratados de las Naciones Unidas relativos al espacio ultraterrestre que presenten información a esa autoridad, a fin de permitir que el Estado en cuyo registro estén inscritos esos objetos transmita la información pertinente al Secretario General de las Naciones Unidas, de conformidad con los instrumentos internacionales aplicables, incluidos el Convenio sobre el Registro de Objetos Lanzados al Espacio Ultraterrestre, y teniendo en cuenta las Resoluciones de la Asamblea General 1721 B (XVI), de 20 de diciembre de 1961, y 62/101, de 17 de diciembre de 2007; el Estado también podrá solicitar información sobre cualquier cambio en las características principales de los objetos espaciales, en particular de aquellos que hayan dejado de funcionar;

7. En caso de que se vea comprometida su responsabilidad internacional por daños y perjuicios en virtud de los tratados de las Naciones Unidas relativos al espacio ultraterrestre, los Estados podrían considerar la manera de presentar recursos con respecto a las acciones de los operadores o propietarios de objetos espaciales; a fin de garantizar una cobertura adecuada en casos de reclamación por daños y perjuicios, los Estados podrían introducir requisitos de seguro obligatorio y procedimientos de indemnización, según proceda;

8. Debería garantizarse una vigilancia continua de las actividades espaciales realizadas por entidades no gubernamentales en caso de transferencia de la propiedad o del control de un objeto espacial en órbita; en la reglamentación nacional podrían preverse requisitos de autorización en lo que respecta a la transferencia de la propiedad o la obligación de presentar información sobre el cambio en la situación de la explotación de un objeto espacial en órbita.

---

25 *Documentos Oficiales de la Asamblea General, sexagésimo segundo período de sesiones*, Suplemento núm. 20 (A/62/20), anexo.

6.
RESOLUCIÓN 72/78 DE LA ASAMBLEA GENERAL, DE 7 DE DICIEMBRE DE 2017. DECLARACIÓN SOBRE EL 50.º ANIVERSARIO DEL TRATADO SOBRE LOS PRINCIPIOS QUE DEBEN REGIR LAS ACTIVIDADES DE LOS ESTADOS EN LA EXPLORACIÓN Y UTILIZACIÓN DEL ESPACIO ULTRATERRESTRE, INCLUSO LA LUNA Y OTROS CUERPOS CELESTES

La Asamblea General,

Aprueba la siguiente declaración:
Declaración sobre el 50.º aniversario del Tratado sobre los Principios que Deben Regir las Actividades de los Estados en la Exploración y Utilización del Espacio Ultraterrestre, incluso la Luna y otros Cuerpos Celestes Nosotros, los Estados Miembros de las Naciones Unidas, conmemorando el 50.º aniversario del Tratado sobre los Principios que Deben Regir las Actividades de los Estados en la Exploración y Utilización del Espacio Ultraterrestre, incluso la Luna y otros Cuerpos Celestes,

1. Reiteramos la importancia de los principios enunciados en la resolución 1962 (XVIII) de la Asamblea General, de 13 de diciembre de 1963, titulada «Declaración de los Principios Jurídicos que Deben Regir las Actividades de los Estados en la Exploración y Utilización del Espacio Ultraterrestre»;

2. Recordamos que el Tratado sobre los Principios que Deben Regir las Actividades de los Estados en la Exploración y Utilización del Espacio Ultraterrestre, incluso la Luna y otros Cuerpos Celestes, fue aprobado por la Asamblea General en su resolución 2222 (XXI), de 19 de diciembre de 1966, se abrió a la firma en Londres, Moscú y Washington D.C. el 27 de enero de 1967, y entró en vigor el 10 de octubre de 1967;

3. Observamos que, al 1 de enero de 2017, habían pasado a ser partes en el Tratado 105 Estados, y otros 25 Estados lo habían firmado;

4. Reafirmamos el papel fundamental que desempeña el Tratado en el mantenimiento del espacio ultraterrestre para fines pacíficos y en la promoción de los propósitos y principios de la Carta de las Naciones Unidas, en interés de mantener la paz y la seguridad internacionales y promover la cooperación y la comprensión internacionales;

5. Estamos convencidos de que el Tratado y sus principios, reflejados en sus artículos I a XIII, seguirán proporcionando un marco indispensable para la realización de actividades en el espacio ultraterrestre, actividades que siguen teniendo un potencial inmenso de producir más avances en el conocimiento humano, de impulsar el progreso socioeconómico para toda la humanidad y de contribuir a alcanzar los Objetivos de Desarrollo Sostenible para 2030;

6. Reconocemos que los logros alcanzados en la exploración del espacio y el desarrollo de la ciencia y la tecnología espaciales en beneficio de toda la humanidad, así como las iniciativas de cooperación internacional para esos fines, han superado todas las expectativas existentes cuando se aprobó el Tratado;

7. Reconocemos que ha aumentado significativamente la importancia para los Estados de las aplicaciones de la ciencia y la tecnología espaciales, que permiten comprender mejor el universo y la Tierra y contribuyen a lograr avances, entre otras esferas, en la educación, la salud, la vigilancia ambiental, la gestión de los recursos naturales de la Tierra, la gestión de desastres, la previsión meteorológica, la modelización del clima, la protección del patrimonio cultural, la tecnología de la información, y la navegación y las comunicaciones por satélite, y contribuyen también al bienestar de la humanidad mediante el desarrollo económico, social y cultural;

8. Estamos profundamente convencidos de que fortalecer la sostenibilidad a largo plazo de las actividades en el espacio ultraterrestre requiere esfuerzos en los planos nacional, regional, interregional e internacional;

9. Ponemos de relieve el carácter constantemente evolutivo y cada vez más polifacético de la cooperación internacional para la utilización del espacio ultraterrestre con fines pacíficos, con avances científicos y tecnológicos fundamentalmente complejos en el campo del espacio y una diversidad cada vez mayor de actores en el ámbito espacial y, por consiguiente, alentamos a que se establezcan unas alianzas, una cooperación y una coordinación más estrechas;

10. Reconocemos la necesidad de seguir promoviendo la cooperación internacional en la utilización del espacio ultraterrestre con fines pacíficos, teniendo en cuenta las necesidades particulares de los países en desarrollo;

11. Exhortamos a todos los Estados partes en el Tratado que realizan actividades en el espacio ultraterrestre a que trabajen con arreglo a los principios de la cooperación y la asistencia mutua, teniendo debidamente en cuenta los intereses correspondientes de otras partes en el Tratado;

12. Nos sentimos inspirados por las posibilidades que siguen presentándose a la humanidad como resultado de las actividades humanas en el espacio ultraterrestre;

13. Alentamos a los Estados que aún no sean partes en el Tratado, en particular a aquellos Estados que son miembros de la Comisión sobre la Utilización del Espacio Ultraterrestre con Fines Pacíficos, a que consideren la posibilidad de pasar a ser partes en él;

14. Ponemos de relieve, a ese respecto, que los beneficios de adherirse al Tratado, como parte del régimen jurídico del espacio ultraterrestre, son significativos para todos los Estados, independientemente de su grado de desarrollo económico o científico, y que ser parte en el Tratado aumentaría la capacidad de los Estados de pasar a formar parte de iniciativas de cooperación internacional en la exploración y utilización del espacio ultraterrestre con fines pacíficos;

15. Reiteramos la función del Tratado como piedra angular del régimen jurídico internacional que rige las actividades en el espacio ultraterrestre, y que el Tratado manifiesta los principios fundamentales del derecho internacional del espacio;

16. Afirmamos que la Comisión sobre la Utilización del Espacio Ultraterrestre con Fines Pacíficos, junto con su Subcomisión de Asuntos Jurídicos y su Subcomisión de Asuntos Científicos y Técnicos, tienen una historia distinguida en la creación y el posterior desarrollo del régimen jurídico internacional por el que se rigen las actividades en el espacio ultraterrestre, que en el marco de ese régimen, las actividades en el espacio ultraterrestre realizadas por Estados, organizaciones intergubernamentales internacionales y entidades no gubernamentales están floreciendo y que, como resultado de ello, la ciencia y la tecnología espaciales y sus aplicaciones contribuyen inmensurablemente al crecimiento económico y a mejorar la calidad de vida en todo el mundo;

17. Exhortamos a la Comisión sobre la Utilización del Espacio Ultraterrestre con Fines Pacíficos y a su Subcomisión de Asuntos Jurídicos a que, con el apoyo de la Oficina de Asuntos del Espacio Ultraterrestre de la Secretaría, continúen promoviendo la más amplia adhesión al Tratado y su aplicación por los Estados, y fomentando el desarrollo progresivo del derecho internacional del espacio;

18. Solicitamos a la Oficina de Asuntos del Espacio Ultraterrestre que siga fomentando la creación de capacidad en materia de derecho y política del espacio en beneficio de todos los países, y que continúe prestando asistencia a los países en desarrollo que la soliciten para la elaboración de políticas y legislación nacionales sobre el espacio, de conformidad con el derecho internacional del espacio.

66.ª sesión plenaria.

7 de diciembre de 2017.

— CUARTA PARTE —
OTROS DOCUMENTOS

1.
DIRECTRICES PARA LA REDUCCIÓN DE DESECHOS ESPACIALES DE LA COMISIÓN SOBRE LA UTILIZACIÓN DEL ESPACIO ULTRATERRESTRE CON FINES PACÍFICOS[26]

1. Antecedentes.

Desde que, en 1999, la Comisión sobre la Utilización del Espacio Ultraterrestre con Fines Pacíficos publicó su Informe Técnico sobre Desechos Espaciales, se ha estado de acuerdo en que los desechos espaciales plantean actualmente riesgos para las naves espaciales que están en órbita terrestre. A los efectos del presente documento, los desechos espaciales se definen como todos los objetos artificiales, incluidos sus fragmentos y los elementos de esos fragmentos, que están en órbita terrestre o que reingresan a la atmósfera y que no son funcionales. La cantidad de desechos espaciales va en aumento y, en consecuencia, se multiplican las probabilidades de que se produzcan colisiones que podrían causar daños. Además, también existe el riesgo de que, si logran reingresar en la atmósfera terrestre, esos desechos ocasionen daños en la superficie de la Tierra. Por ello, se considera prudente y necesario aplicar con prontitud medidas adecuadas para reducir los desechos espaciales, a fin de preservar el medio ambiente espacial para las generaciones futuras.

Históricamente, las principales fuentes de desechos espaciales en órbitas terrestres han sido a) las desintegraciones accidentales e intencionales que producen desechos de larga vida y b) los desechos liberados intencionalmente durante el funcionamiento de las naves espaciales y las etapas orbitales de los vehículos de lanzamiento. En el futuro, se prevé que los fragmentos generados por las colisiones constituyan una importante fuente de desechos espaciales.

Las medidas de reducción de desechos espaciales pueden dividirse en dos amplias categorías, a saber, las que limitan la generación a corto plazo de desechos espaciales potencialmente peligrosos, y las que limitan su generación a más largo plazo. Entre las primeras figuran la reducción de la producción de desechos espaciales relacionados con las misiones y la prevención de desintegraciones. Las segundas se refieren a procedimientos relativos al final de la vida en virtud de los cuales se retiran de las regiones en que existen naves espaciales en funcionamiento las naves espaciales y las etapas orbitales de los vehículos de lanzamiento que han quedado desactivadas.

---

26 Respaldadas por la Comisión sobre la Utilización del Espacio Ultraterrestre con Fines Pacíficos en su 50.º período de sesiones y contenidas en el anexo del documento A/62/20, y respaldadas por la Asamblea General en su Resolución 62/217, de 22 de diciembre de 2007.

2. Fundamento.

Se recomienda la aplicación de medidas de reducción de desechos espaciales ya que algunos desechos espaciales pueden ocasionar daños a las naves espaciales que provoquen la pérdida de la misión o la pérdida de vidas humanas en el caso de naves espaciales tripuladas. A los efectos de la seguridad de las tripulaciones, la aplicación de medidas de reducción de desechos espaciales en las órbitas de los vuelos tripulados reviste gran importancia.

El Comité Interinstitucional de Coordinación en materia de Desechos Espaciales ha elaborado un conjunto de directrices para la reducción de los desechos espaciales que reflejan los elementos fundamentales de un conjunto de prácticas, normas, códigos y manuales sobre la materia elaborados por varias organizaciones nacionales e internacionales. La Comisión sobre la Utilización del Espacio Ultraterrestre con Fines Pacíficos reconoce los beneficios que brinda un conjunto de directrices cualitativas de alto nivel, de mayor aceptación en la comunidad espacial mundial. Por ello, (en la Subcomisión de Asuntos Científicos y Técnicos de la Comisión) se estableció el Grupo de Trabajo sobre Desechos Espaciales encargado de elaborar un conjunto de directrices recomendadas sobre la base del contenido técnico y las definiciones básicas de las directrices elaboradas por el Comité Interinstitucional de Coordinación en materia de Desechos Espaciales, y teniendo en cuenta los tratados y principios de las Naciones Unidas sobre el espacio ultraterrestre.

3. Aplicación.

Los Estados Miembros y las organizaciones internacionales deberían adoptar medidas, a título voluntario y mediante mecanismos nacionales o sus propios mecanismos pertinentes, con objeto de asegurar la aplicación de las presentes directrices en la mayor medida posible, estableciendo prácticas y procedimientos de reducción de desechos espaciales.

Estas directrices se pueden aplicar a la planificación de misiones y al funcionamiento de las naves espaciales y las etapas orbitales de nuevo diseño y, de ser posible, a las ya existentes. No son jurídicamente vinculantes en virtud del derecho internacional.

También se reconoce que pueden justificarse excepciones a la aplicación de determinadas directrices o algunos de sus elementos, por ejemplo, en virtud de las disposiciones de los tratados y los principios de las Naciones Unidas relativos al espacio ultraterrestre.

4. Directrices para la reducción de los desechos espaciales.

Las siguientes directrices deberían tenerse en cuenta en la planificación de las misiones y las fases de diseño, fabricación y funcionamiento (lanzamiento, misión y eliminación) de las naves espaciales y las etapas orbitales de los vehículos de lanzamiento.

Directriz 1: Limitación de los desechos espaciales liberados durante el funcionamiento normal de los sistemas espaciales.

Los sistemas espaciales se deberían diseñar de manera tal que no liberen desechos espaciales durante su funcionamiento normal. Cuando ello no sea viable, se deberían minimizar los efectos de la liberación de desechos en el medio espacial.

En los primeros decenios de la era espacial, los diseñadores de vehículos de lanzamiento y naves espaciales permitían la liberación intencional en la órbita terrestre de numerosos objetos relacionados con las misiones, en particular cubiertas de sensores, mecanismos de separación y artículos de despliegue. Empeños específicos de diseño motivados por el reconocimiento de la amenaza que plantean dichos objetos han permitido reducir esa fuente de desechos espaciales.

Directriz 2: Minimización de las posibilidades de desintegraciones durante las fases operacionales.

Las naves espaciales y las etapas orbitales de los vehículos de lanzamiento se deberían diseñar de manera tal que se prevengan modalidades de falla que puedan provocar desintegraciones accidentales. Se deberían planificar y aplicar medidas de eliminación y pasivación para evitar desintegraciones en los casos en que se detecten circunstancias que ocasionen ese tipo de falla.

Históricamente se han producido algunas desintegraciones provocadas por fallas en el funcionamiento de los sistemas espaciales, como fallas catastróficas de los sistemas de propulsión y de alimentación. Es posible reducir la probabilidad de que ocurran sucesos catastróficos de ese tipo incorporando posibles hipótesis de desintegración en los análisis de las modalidades de falla.

Directriz 3: Limitación de las probabilidades de colisión accidental en órbita.

Al preparar el diseño y perfil de la misión de naves espaciales y etapas orbitales de los vehículos de lanzamiento, se deberían calcular y limitar las probabilidades de una colisión accidental con objetos conocidos durante la fase de lanzamiento y la vida orbital del sistema. Si los datos orbitales disponibles indican la posibilidad de una colisión, se debería considerar el ajuste del momento del lanzamiento o la realización de una maniobra de evitación en órbita.

Ya se han definido algunas colisiones accidentales. Numerosos estudios indican que, como el número y el volumen de los desechos espaciales van en aumento, es probable que las colisiones se conviertan en la principal fuente de nuevos desechos espaciales. Algunos Estados Miembros y organizaciones internacionales han adoptado ya procedimientos destinados a evitar colisiones.

Directriz 4: Evitación de la destrucción intencional y otras actividades perjudiciales.

Al reconocer que el aumento de los riesgos de colisión podría plantear una amenaza para las operaciones espaciales, se deberían evitar la destrucción intencional de las etapas orbitales de los vehículos de lanzamiento y las naves espaciales en órbita u otras actividades perjudiciales que generen desechos de larga vida.

Cuando resulte necesaria la desintegración intencional, se debería realizar a altitudes suficientemente bajas de manera que limiten la vida orbital de los fragmentos generados.

Directriz 5: Minimización de las posibilidades de que se produzcan desintegraciones al final de las misiones como resultado de la energía almacenada.

A fin de limitar los riesgos que planteen las desintegraciones accidentales para otras naves espaciales y etapas orbitales de los vehículos de lanzamiento, se deberían agotar o desactivar todas las fuentes de energía almacenada que se encuentren a bordo cuando ya no se les necesite para el funcionamiento de la misión o para la eliminación al final de la misión.

La fragmentación de las naves espaciales y las etapas orbitales de los vehículos de lanzamiento representan con mucho la mayor parte de los desechos espaciales catalogados. La mayoría de esas desintegraciones fueron no intencionales, y muchas se debieron al abandono de naves espaciales y etapas orbitales de vehículos de lanzamiento con cantidades significativas de energía almacenada. Las medidas más eficaces han consistido en la pasivación de las naves espaciales y las etapas orbitales de los vehículos de lanzamiento al final de su misión. La pasivación exige la eliminación de todas las formas de energía almacenada, en particular los propulsantes residuales y los fluidos comprimidos y la descarga de los dispositivos de almacenamiento eléctrico.

Directriz 6: Limitación de la presencia a largo plazo de naves espaciales y etapas orbitales de vehículos de lanzamiento en la región de la órbita terrestre baja (LEO) al final de la misión.

Las naves espaciales y las etapas orbitales de los vehículos de lanzamiento que hayan concluido sus fases operacionales en órbitas que pasen por la región de la LEO deberían ser retiradas de sus órbitas de manera controlada. De no ser posible, se deberían colocar en órbitas que eviten su presencia a largo plazo en la región de la LEO.

Al evaluar las posibles soluciones para eliminar objetos de la LEO, debería tenerse debida cuenta de la necesidad de asegurar que los desechos que logren llegar a la superficie terrestre no planteen riesgos indebidos para las personas o los bienes, en particular debido a la contaminación medioambiental provocada por sustancias peligrosas.

Directriz 7: Limitación de la interferencia a largo plazo de las naves espaciales y las etapas orbitales de los vehículos de lanzamiento en la región de la órbita terrestre geosincrónica (GEO) al final de la misión.

Las naves espaciales y las etapas orbitales de los vehículos de lanzamiento que hayan concluido sus fases operacionales en órbitas que pasen por la región de la GEO deberían dejarse en órbitas que eviten su interferencia a largo plazo en la región de la GEO.

En cuanto a los objetos espaciales que se encuentren en la región de la GEO o próximos a esta, las posibilidades de colisiones en el futuro se pueden reducir dejando los objetos al final de su misión en una órbita por encima de la región de la GEO de manera que no interfieran con esta región ni regresen a ella.

5. Actualizaciones.

Los Estados Miembros y las organizaciones internacionales deberían proseguir, en un espíritu de cooperación internacional, las investigaciones relativas a los desechos espaciales a fin de acrecentar al máximo los beneficios de las iniciativas de reducción de esos desechos. El presente documento será objeto de examen y podrá revisarse, según corresponda, a medida que se disponga de nueva información.

6. Referencias.

La versión de las directrices para la reducción de los desechos espaciales elaboradas por el Comité Interinstitucional de Coordinación en materia de Desechos Espaciales que se ha utilizado como referencia al publicar el presente documento figura en el anexo del documento A/AC.105/C.1/L.260.

Los Estados Miembros y las organizaciones internacionales pueden encontrar otras descripciones más pormenorizadas y recomendaciones sobre las medidas de reducción de desechos espaciales en la versión más reciente de las directrices para la reducción de los desechos espaciales elaboradas por el Comité Interinstitucional de Coordinación en materia de Desechos Espaciales y otros documentos conexos, disponibles en el sitio web del Comité (www.iadconline.org).

2.
MARCO DE SEGURIDAD RELATIVO A LAS APLICACIONES DE FUENTES DE ENERGÍA NUCLEAR EN EL ESPACIO ULTRATERRESTRE[27]

Prólogo.

Las fuentes de energía nuclear destinadas a ser utilizadas en el espacio ultraterrestre se han desarrollado y empleado en aplicaciones espaciales en los casos en que los requisitos específicos de la misión y las limitaciones en lo relativo a la energía eléctrica y la gestión térmica excluían el uso de fuentes de energía no nucleares. Entre esas misiones han figurado las interplanetarias a los límites exteriores del sistema solar, para las que los paneles solares no eran adecuados como fuente de energía eléctrica a causa de la larga duración de estas misiones a gran distancia del Sol.

De acuerdo con los conocimientos y medios actuales, las fuentes de energía nuclear en el espacio son la única opción de alimentación energética viable para llevar a cabo algunas misiones espaciales y para ampliar considerablemente otras. Varias misiones en curso y otras previsibles no podrían realizarse sin esas fuentes. Las aplicaciones pasadas, presentes y previsibles de fuentes de energía nuclear en el espacio incluyen sistemas de energía de radioisótopos (como los generadores termoeléctricos radioisotópicos y los calefactores de radioisótopos) y sistemas de reactores nucleares de potencia y propulsión. Debido a la presencia de materiales radiactivos o combustibles nucleares en las fuentes de energía nuclear que se utilizan en el espacio y a la consiguiente posibilidad de causar daños a las personas y al medio ambiente en la biosfera de la Tierra en caso de producirse un accidente, la seguridad debe ser siempre un elemento inherente al diseño y la aplicación de esas fuentes.

En las aplicaciones de fuentes de energía nuclear en el espacio ultraterrestre se han de tener en cuenta factores de seguridad especiales distintos de los de las aplicaciones terrestres. A diferencia de muchas aplicaciones nucleares terrestres, las aplicaciones espaciales se suelen utilizar con poca frecuencia y sus requisitos pueden variar bastante según la misión de que se trate. Los requisitos de lanzamiento y de funcionamiento en el espacio ultraterrestre de las misiones imponen limitaciones de tamaño y masa, así como de otra índole vinculadas al entorno espacial, que no se plantean en muchas instalaciones nucleares terrestres. En el caso de ciertas aplicaciones, las fuentes de energía nuclear en el espacio deben funcionar con autonomía a grandes distancias de la Tierra y en condiciones duras. Debido a la posibilidad de accidentes como consecuencia de fallos de lanzamiento o de una reentrada por inadvertencia, las fuentes de energía nuclear pueden verse expuestas a condiciones físicas extremas. Estos y otros factores de seguridad exclusivos de la utilización de fuentes de energía nuclear en el espacio difieren considerablemente de los que se aplican a los sistemas nucleares terrestres y no se abordan en las directrices de seguridad para las aplicaciones nucleares terrestres.

---

27 Respaldado por la Comisión sobre la Utilización del Espacio Ultraterrestre con Fines Pacíficos en su 52.º período de sesiones y contenido en el documento A/AC.105/934.

Tras un período de examen y preparación iniciales, la Subcomisión de Asuntos Científicos y Técnicos de la Comisión de las Naciones Unidas sobre la Utilización del Espacio Ultraterrestre con Fines Pacíficos y el Organismo Internacional de Energía Atómica (OIEA) convinieron en 2007 en elaborar juntos un marco de seguridad relativo a las aplicaciones de fuentes de energía nuclear en el espacio ultraterrestre. Esa asociación aunó los conocimientos especializados de la Subcomisión de Asuntos Científicos y Técnicos sobre la utilización de fuentes de energía nuclear en el espacio y los arraigados procedimientos del OIEA para formular normas de seguridad nuclear respecto de las aplicaciones terrestres. El Marco de Seguridad relativo a las Aplicaciones de Fuentes de Energía Nuclear en el Espacio Ultraterrestre representa el consenso técnico de los dos órganos.

La finalidad del Marco de Seguridad es servir de guía a nivel nacional. Por lo tanto, ofrece orientación de aplicación voluntaria y no es jurídicamente vinculante en virtud del derecho internacional.

El Marco de Seguridad no es una publicación que forme parte de la Colección de Normas de Seguridad del OIEA, sino que complementa esa Colección proporcionando orientación de alto nivel sobre factores de seguridad nuclear propios de las fases pertinentes de lanzamiento, explotación y puesta fuera de servicio de las aplicaciones de fuentes de energía nuclear en el espacio. Complementa igualmente las directrices y normas de seguridad nacionales e internacionales vigentes para las actividades terrestres que entrañan el diseño, la fabricación, el ensayo y el transporte de fuentes de energía nuclear en el espacio. En su elaboración se han tomado debidamente en consideración los principios y tratados pertinentes. El Marco de Seguridad no complementa, altera ni interpreta ninguno de esos principios o tratados.

El tema central del Marco de Seguridad es la protección de las personas y el medio ambiente en la biosfera de la Tierra contra los riesgos potenciales vinculados a las fases pertinentes de lanzamiento, funcionamiento y puesta fuera de servicio de las aplicaciones de fuentes de energía nuclear en el espacio. La protección de los seres humanos en el espacio es una esfera de investigación constante y trasciende el ámbito del Marco de Seguridad. Del mismo modo, la protección de los entornos de otros cuerpos celestes también queda fuera de ese ámbito.

Los términos relativos a la seguridad utilizados en el Marco de Seguridad se definen en el *Glosario de Seguridad Tecnológica del OIEA*. Tal como se entiende en el presente documento, el término «seguridad nuclear» incluye la seguridad radiológica y la protección radiológica. Otros términos específicos de las aplicaciones de fuentes de energía nuclear en el espacio se definen en la sección del Marco de Seguridad titulada «Glosario de términos».

En resumen, la finalidad del Marco de Seguridad es promover la seguridad de las aplicaciones de fuentes de energía nuclear en el espacio ultraterrestre y, por ello, es válido para todas esas aplicaciones sin excepción.

La Subcomisión de Asuntos Científicos y Técnicos y el OIEA desean manifestar su agradecimiento a quienes prestaron asistencia en la redacción y revisión del texto del Marco de Seguridad y durante el proceso que culminó en el consenso.

Introducción.

Antecedentes.

Las fuentes de energía nuclear destinadas a ser utilizadas en el espacio ultraterrestre[28] se han desarrollado y empleado en naves espaciales en los casos en que los requisitos específicos de la misión y las limitaciones relativas a la energía eléctrica y la gestión térmica excluían el uso de fuentes de energía no nucleares. Entre esas misiones han figurado las

---

28   Tal como se entiende en el presente documento, la expresión «espacio ultraterrestre» es sinónima de «espacio».

interplanetarias a los límites exteriores del sistema solar, para las que los paneles solares no eran adecuados como fuente de energía eléctrica a causa de la larga duración de las misiones a gran distancia del Sol.

Las aplicaciones pasadas, presentes y previsibles de fuentes de energía nuclear en el espacio incluyen sistemas de energía de radioisótopos (como los generadores termoeléctricos radioisotópicos y los calefactores de radioisótopos) y sistemas de reactores nucleares de potencia y propulsión. Las fuentes de energía nuclear en el espacio han hecho posibles varias de las misiones actualmente en curso. De acuerdo con los conocimientos y los medios actuales, esas fuentes son la única opción de alimentación energética viable para llevar a cabo algunas misiones espaciales previsibles y para ampliar considerablemente otras.

Las condiciones de funcionamiento normal y de posibles accidentes de las aplicaciones de fuentes de energía nuclear en el espacio, desde el lanzamiento hasta la puesta fuera de servicio, pasando por la explotación, difieren radicalmente de las condiciones imperantes en el caso de las aplicaciones terrestres. Los entornos del lanzamiento y del espacio ultraterrestre exigen la aplicación de criterios de seguridad muy diferentes en el diseño y la explotación de las fuentes de energía nuclear en el espacio. Además, cada misión espacial impone conceptos de diseño específicos y exclusivos para las fuentes de energía nuclear, las naves espaciales, los sistemas de lanzamiento y las operaciones de la misión.

Debido a la presencia de materiales radiactivos o combustibles nucleares en las fuentes de energía nuclear que se utilizan en el espacio y a la consiguiente posibilidad de provocar daños a las personas y al medio ambiente en la biosfera de la Tierra a causa de un accidente, la seguridad ha de ser siempre un elemento inherente al diseño y la aplicación de esas fuentes. La seguridad (es decir, la protección de las personas y el medio ambiente[29]) ha de centrarse en la aplicación en su totalidad y no simplemente en el componente de la fuente de energía nuclear en el espacio. Todos los elementos de la aplicación podrían influir en los aspectos nucleares de la seguridad. Por consiguiente, la seguridad debe abordarse en el contexto de toda la aplicación de una fuente de energía nuclear en el espacio, que comprende la propia fuente, la nave espacial, el sistema de lanzamiento, el diseño de la misión y las reglas de vuelo.

Finalidad.

La finalidad de la presente publicación es facilitar orientación de alto nivel consistente en un marco de seguridad modelo, que sirva de base para la elaboración de marcos de seguridad nacionales e internacionales intergubernamentales y al mismo tiempo ofrezca flexibilidad para adaptar esos marcos a aplicaciones de fuentes de energía nuclear en el espacio y estructuras orgánicas específicas. Esos marcos nacionales e internacionales intergubernamentales deben incluir elementos técnicos y programáticos para mitigar los riesgos dimanantes de la utilización de fuentes de energía nuclear en el espacio. La implantación de los marcos no sólo fomentaría la confianza del público mundial en que las aplicaciones de fuentes de energía nuclear en el espacio se lanzarían y utilizarían en condiciones de seguridad, sino que podría facilitar también la cooperación bilateral y multilateral en misiones espaciales que utilicen fuentes de energía nuclear. La orientación proporcionada en el presente documento refleja un consenso internacional sobre las medidas necesarias para lograr la seguridad y se aplica a todas las aplicaciones de fuentes de energía nuclear en el espacio sin excepción.

Ámbito.

El Marco de Seguridad relativo a las Aplicaciones de Fuentes de Energía Nuclear en el Espacio Ultraterrestre se centra en la seguridad de las fases pertinentes de lanzamiento, explotación y puesta fuera de servicio de las aplicaciones de fuentes de energía nuclear en

---

29   Tal como se entiende en el presente documento, la expresión «las personas y el medio ambiente» es sinónima de «las personas y el medio ambiente en la biosfera de la Tierra».

el espacio. Facilita orientación de alto nivel sobre los aspectos programáticos y técnicos de la seguridad, incluidos el diseño y la aplicación de las fuentes de energía nuclear en el espacio. La utilización detallada de esta orientación depende, sin embargo, del diseño y la aplicación concretos. Mediante el empleo de la orientación que se brinda en el Marco de Seguridad se complementarían las normas existentes sobre otros aspectos de las aplicaciones de fuentes de energía nuclear en el espacio. Por ejemplo, las actividades que se realizan durante la fase terrestre de las aplicaciones de fuentes de energía nuclear en el espacio, como el desarrollo, el ensayo, la fabricación, la manipulación y el transporte, se abordan en las normas nacionales e internacionales relativas a las instalaciones y actividades nucleares terrestres. Del mismo modo, los aspectos de las aplicaciones de fuentes de energía nuclear en el espacio no relacionados con la seguridad nuclear se abordan en las normas de seguridad de los gobiernos nacionales y las organizaciones internacionales intergubernamentales (como los organismos espaciales regionales) correspondientes a esos aspectos.

Existe un acervo notable de conocimientos para establecer un marco de seguridad relativo a las aplicaciones de fuentes de energía nuclear en el espacio que proteja a las personas y el medio ambiente en la biosfera de la Tierra. Sin embargo, no existen todavía datos científicos comparables que proporcionen una base técnicamente sólida para elaborar un marco relativo a las aplicaciones de fuentes de energía nuclear en el espacio que proteja a los seres humanos en las condiciones excepcionales del espacio y más allá de la biosfera de la Tierra. Por consiguiente, la protección en el espacio de los seres humanos que participan en misiones con aplicaciones de fuentes de energía nuclear a bordo trasciende el ámbito del Marco de Seguridad. Del mismo modo, la protección de los entornos de otros cuerpos celestes también queda fuera del ámbito de este Marco.

Objetivo de seguridad.

El objetivo de seguridad fundamental es proteger a las personas y el medio ambiente en la biosfera de la Tierra de los posibles peligros vinculados a las fases pertinentes de lanzamiento, explotación y puesta fuera de servicio de las aplicaciones de fuentes de energía nuclear en el espacio.

Los gobiernos, las organizaciones internacionales intergubernamentales y las entidades no gubernamentales que desarrollan actividades relacionadas con aplicaciones de fuentes de energía nuclear en el espacio deben adoptar medidas para garantizar la protección de las personas (individual y colectivamente) y el medio ambiente sin limitar indebidamente los usos de las aplicaciones de fuentes de energía nuclear en el espacio.

La orientación para cumplir el objetivo de seguridad fundamental se agrupa en tres categorías: la orientación para los gobiernos (sección 3 *infra*) es aplicable a los gobiernos y las organizaciones internacionales intergubernamentales competentes que autorizan, aprueban o llevan a cabo misiones con fuentes de energía nuclear en el espacio; la orientación para la administración (sección 4 *infra*) está destinada a los administradores de la organización que lleve a cabo misiones con fuentes de energía nuclear en el espacio; y la orientación técnica (sección 5 *infra*) guarda relación con las fases de diseño, desarrollo y misión de las aplicaciones de fuentes de energía nuclear en el espacio.

Orientación para los gobiernos.

En la presente sección se facilita orientación a los gobiernos y las organizaciones internacionales intergubernamentales competentes (por ejemplo, los organismos espaciales regionales) que autorizan, aprueban o llevan a cabo misiones con fuentes de energía nuclear en el espacio. Esas funciones gubernamentales consisten, en particular, en establecer políticas, prescripciones y procesos de seguridad; velar por que se cumplan; cerciorarse de que existe una justificación aceptable para utilizar una fuente de energía nuclear en el espacio en lugar de otras soluciones; establecer un proceso oficial de autorización del lanzamiento de una misión; y prepararse para casos de emergencia y responder a ellos. En el caso de misiones multinacionales o multiinstitucionales, los instrumentos rectores deben definir con claridad la asignación de estas funciones.

Políticas, prescripciones y procesos de seguridad.

Los gobiernos que autorizan o aprueban misiones con fuentes de energía nuclear en el espacio deben establecer políticas, prescripciones y procesos de seguridad.

Los gobiernos nacionales y las organizaciones internacionales intergubernamentales pertinentes que autorizan o aprueban misiones con fuentes de energía nuclear en el espacio, ya sea que esas misiones corran a cargo de organismos gubernamentales o de entidades no gubernamentales, deben establecer políticas, prescripciones y procesos de seguridad, y garantizar su cumplimiento, para alcanzar el objetivo de seguridad fundamental y cumplir sus prescripciones de seguridad.

Justificación de las aplicaciones de fuentes de energía nuclear en el espacio.

En el proceso de aprobación de las misiones por los gobiernos se debe verificar que se hayan justificado adecuadamente las razones para utilizar aplicaciones de fuentes de energía nuclear en el espacio.

Las aplicaciones de fuentes de energía nuclear en el espacio pueden plantear riesgos para las personas y el medio ambiente. Por este motivo, los gobiernos y las organizaciones internacionales intergubernamentales competentes que autorizan, aprueban o llevan a cabo misiones con fuentes de energía nuclear en el espacio deben velar por que se tomen en consideración otras opciones y porque la utilización de aplicaciones de fuentes de energía nuclear en el espacio esté debidamente justificada. En ese proceso se deben tener en cuenta los beneficios y los riesgos para las personas y el medio ambiente relacionados con las fases pertinentes de lanzamiento, explotación y puesta fuera de servicio de las aplicaciones de fuentes de energía nuclear en el espacio.

Autorización del lanzamiento de la misión.

Debe establecerse y mantenerse un proceso de autorización del lanzamiento de la misión respecto de las aplicaciones de fuentes de energía nuclear en el espacio.

El gobierno que supervise y autorice las operaciones de lanzamiento de misiones portadoras de fuentes de energía nuclear en el espacio debe establecer un proceso de autorización del lanzamiento que se concentre en los aspectos de la seguridad nuclear. Dicho proceso debe incluir una evaluación de toda la información y las consideraciones pertinentes que señalen las demás organizaciones participantes. El proceso de autorización del lanzamiento de la misión debe complementar los procesos de autorización relativos a los aspectos no nucleares y terrestres de la seguridad del lanzamiento. Debe ser parte integrante del proceso de autorización una evaluación independiente de la seguridad (es decir, un examen, independiente de la organización gestora que lleve a cabo la misión, de la suficiencia y validez de la justificación de seguridad). En esta evaluación independiente de la seguridad se deben tener en cuenta las aplicaciones de fuentes de energía nuclear en el espacio en su totalidad —con inclusión de la propia fuente, la nave espacial, el sistema de lanzamiento, el diseño de la misión y las reglas de vuelo— al estimar el riesgo que plantean para las personas y el medio ambiente las fases pertinentes de lanzamiento, explotación y puesta fuera de servicio de la misión espacial.

Preparación y respuesta en casos de emergencia.

Se deben realizar preparativos para responder a posibles casos de emergencia que entrañen una fuente de energía nuclear en el espacio.

Los gobiernos y las organizaciones internacionales intergubernamentales competentes que autorizan, aprueban o llevan a cabo misiones con fuentes de energía nuclear en el espacio deben estar preparados para responder con rapidez a casos de emergencia en el lanzamiento y durante la misión que puedan provocar la exposición de personas a la radiación y la contaminación radiactiva del medio ambiente terrestre. Las actividades de preparación para casos de emergencia comprenden la planificación para emergencias, la capacitación, los ejercicios simulados y la elaboración de procedimientos y protocolos de comunicación, incluida la redacción de notificaciones de posibles accidentes. Los planes de respuesta en casos de emergencia deben concebirse de manera que limiten la contaminación radiactiva y la exposición a la radiación.

Orientación para la administración.

En la presente sección se brinda orientación para la administración de las organizaciones que desarrollan actividades en materia de aplicaciones de fuentes de energía nuclear en el espacio. En el contexto del Marco de Seguridad, la administración debe cumplir las políticas, prescripciones y procesos gubernamentales e intergubernamentales pertinentes para alcanzar el objetivo de seguridad fundamental. Las funciones de la administración incluyen asumir la responsabilidad principal de la seguridad, garantizando la disponibilidad de los recursos adecuados para ello y promoviendo y manteniendo una sólida cultura de la seguridad a todos los niveles orgánicos.

Responsabilidad de la seguridad.

La responsabilidad principal de la seguridad debe recaer en la organización que lleve a cabo la misión portadora de una fuente de energía nuclear en el espacio.

La organización que lleva a cabo la misión portadora de una fuente de energía nuclear en el espacio tiene la responsabilidad principal de la seguridad. Dicha organización debe incluir a todos los participantes pertinentes en la misión (el proveedor de la nave espacial, el proveedor del vehículo de lanzamiento, el proveedor de la fuente de energía nuclear, el proveedor del polígono de lanzamiento, etc.), o tener arreglos formales con ellos, a fin de cumplir las prescripciones de seguridad establecidas para las aplicaciones de fuentes de energía nuclear en el espacio.

Entre las responsabilidades de seguridad específicas de la administración deben figurar las siguientes:

a) Establecer y mantener las competencias técnicas necesarias;

b) Facilitar capacitación e información adecuadas a todos los participantes pertinentes;

c) Establecer procedimientos para promover la seguridad en todas las condiciones razonablemente previsibles;

d) Elaborar prescripciones de seguridad específicas, según corresponda, para las misiones en que se utilicen fuentes de energía nuclear en el espacio;

e) Realizar y documentar ensayos y análisis de seguridad como aportación al proceso gubernamental de autorización del lanzamiento de la misión;

f) Considerar las opiniones contrarias dignas de crédito sobre cuestiones de seguridad;

g) Facilitar a su debido tiempo información pertinente y exacta al público.

Dirección y gestión al servicio de la seguridad.

La organización que lleve a cabo la misión con una fuente de energía nuclear en el espacio debe establecer y mantener una dirección y gestión eficaces al servicio de la seguridad.

La dirección en las cuestiones de seguridad debe dimanar de los más altos niveles de la organización que lleva a cabo la misión. La gestión de la seguridad debe integrarse en la gestión global de la misión. La administración debe elaborar, aplicar y mantener una cultura de la seguridad que garantice la seguridad y cumpla las prescripciones del proceso gubernamental de autorización del lanzamiento de la misión.

La cultura de la seguridad debe incluir los siguientes aspectos:

a) Una estructura jerárquica, de responsabilidad y de comunicación bien definida;

b) Retroinformación activa y mejoramiento continuo;

c) Un compromiso personal y colectivo con la seguridad a todos los niveles orgánicos;

d) La obligación de rendir cuentas en materia de seguridad por parte de la organización y de las personas a todos los niveles;

e) Una actitud crítica y de disposición a aprender que desaliente la autocomplacencia en cuestiones de seguridad.

Orientación técnica.

En esta sección se ofrece orientación técnica a las organizaciones que desarrollan actividades en materia de aplicaciones de fuentes de energía nuclear en el espacio. Esta orientación se refiere a las fases de diseño, desarrollo y misión de las aplicaciones de fuentes de energía nuclear en el espacio. Comprende las siguientes actividades fundamentales para elaborar y proporcionar la base técnica de los procesos de autorización y aprobación y de la preparación y respuesta en casos de emergencia:

a) Establecer y mantener una capacidad de diseño, ensayo y análisis en materia de seguridad nuclear;

b) Aplicar esa capacidad en los procesos de diseño, calificación y autorización del lanzamiento de la misión de las aplicaciones de fuentes de energía nuclear en el espacio (es decir, la fuente de energía nuclear en el espacio, la nave espacial, el sistema de lanzamiento, el diseño de la misión y las reglas de vuelo);

c) Evaluar los riesgos radiológicos para las personas y el medio ambiente derivados de posibles accidentes y velar por que esos riesgos sean aceptables y los más bajos que puedan razonablemente alcanzarse;

d) Adoptar medidas para hacer frente a las consecuencias de posibles accidentes.

Competencia técnica en materia de seguridad nuclear.

Debe establecerse y mantenerse una competencia técnica en materia de seguridad nuclear para las aplicaciones de fuentes de energía nuclear en el espacio.

Es fundamental contar con competencia técnica en materia de seguridad nuclear para cumplir el objetivo de seguridad. Desde el primer momento del desarrollo de las aplicaciones de fuentes de energía nuclear en el espacio, las organizaciones deben establecer, con arreglo a sus responsabilidades, una capacidad de diseño, ensayo y análisis de la seguridad nuclear, con personas cualificadas e instalaciones adecuadas, según proceda. Dicha capacidad se debe mantener durante todas las fases pertinentes de las misiones con fuentes de energía nuclear en el espacio.

La competencia en materia de seguridad nuclear debe incluir la capacidad de:

a) Definir hipótesis de accidentes de aplicaciones de fuentes de energía nuclear en el espacio, y sus probabilidades estimadas, con rigurosidad;

b) Caracterizar las condiciones físicas a las que pueden estar expuestos la fuente de energía nuclear en el espacio y sus componentes en las operaciones normales y durante posibles accidentes;

c) Evaluar las consecuencias potenciales para las personas y el medio ambiente de los posibles accidentes;

d) Determinar y evaluar las características de seguridad inherente y tecnológica a fin de reducir el riesgo de posibles accidentes para las personas y el medio ambiente.

Seguridad en el diseño y el desarrollo.

Los procesos de diseño y desarrollo deben aportar el nivel más alto de seguridad que pueda razonablemente alcanzarse.

El enfoque básico para cumplir el objetivo de seguridad debe consistir en reducir los riesgos derivados de las operaciones normales y de posibles accidentes al nivel más bajo que pueda razonablemente alcanzarse, estableciendo para ello procesos completos de diseño y desarrollo que incorporen las consideraciones de seguridad en el contexto de toda la aplicación de la fuente de energía nuclear en el espacio (es decir, la propia fuente, la nave espacial, el sistema de lanzamiento, el diseño de la misión y las reglas de vuelo). Desde las primeras etapas del diseño y desarrollo, así como durante todas las fases de la misión, debe tenerse en cuenta la seguridad nuclear. Los procesos de diseño y desarrollo deben incluir:

a) La determinación, evaluación e implantación de características de diseño, controles y medidas preventivas que:

   i) Reduzcan la probabilidad de posibles accidentes que pudieran liberar material radiactivo;

   ii) Reduzcan la magnitud de posibles emisiones de material radiactivo y sus consecuencias potenciales;

b) La incorporación de las lecciones aprendidas de experiencias anteriores;

c) La verificación y validación de las características de seguridad del diseño y los controles mediante ensayos y análisis, según proceda;

d) La utilización del análisis de riesgos para evaluar la eficacia de las características de diseño y los controles y aportar retroinformación al proceso de diseño;

e) La utilización de exámenes del diseño para dar garantías de la seguridad de éste.

Evaluaciones de los riesgos.

Deben llevarse a cabo evaluaciones de los riesgos a fin de caracterizar los riesgos radiológicos para las personas y el medio ambiente.

Deben evaluarse los riesgos radiológicos para las personas y el medio ambiente derivados de posibles accidentes durante las fases pertinentes de lanzamiento, explotación y puesta fuera de servicio de las aplicaciones de fuentes de energía nuclear en el espacio, cuantificando las incertidumbres en la medida de lo posible. Las evaluaciones del riesgo son fundamentales en el proceso de autorización del lanzamiento de la misión.

Mitigación de las consecuencias de accidentes.

Deben adoptarse todas las medidas prácticas necesarias para mitigar las consecuencias de posibles accidentes.

Como parte del proceso de seguridad relativo a las aplicaciones de fuentes de energía nuclear en el espacio, deben evaluarse medidas para mitigar las consecuencias de accidentes que puedan entrañar la emisión de material radiactivo al medio ambiente terrestre. Según corresponda, se deben establecer y poner a disposición los medios necesarios para respaldar oportunamente las actividades destinadas a mitigar las consecuencias de accidentes. Ello incluye lo siguiente:

a) Formular e implantar planes para situaciones imprevistas con objeto de interrumpir secuencias de accidentes que pudieran dar lugar a riesgos radiológicos;

b) Determinar si se ha producido una emisión de material radiactivo;

c) Caracterizar la ubicación y la índole de la emisión de material radiactivo;

d) Caracterizar las zonas contaminadas por materiales radiactivos;

e) Recomendar medidas de protección para limitar la exposición de grupos de población en las zonas afectadas;

f) Preparar información pertinente sobre el accidente y facilitarla a los gobiernos, las organizaciones internacionales y las entidades no gubernamentales que corresponda y al público en general.

3.
GLOSARIO DE TÉRMINOS

En la presente sección figura un glosario de términos que son específicos de las aplicaciones de las fuentes de energía nuclear en el espacio. Los términos relativos a la seguridad en general que se utilizan en el Marco de Seguridad se definen en el *Glosario de Seguridad Tecnológica del OIEA*, edición de 2007[30].

Aplicación de fuente de energía nuclear en el espacio: Sistema completo (es decir, la fuente de energía nuclear en el espacio, la nave espacial, el sistema de lanzamiento, el diseño de la misión, las reglas de vuelo, etc.) que interviene en una misión espacial portadora de una fuente de energía nuclear en el espacio.

Aprobación de la misión: Permiso otorgado por una autoridad pública para proceder a las actividades de preparación del lanzamiento y la explotación de una misión.

Autorización del lanzamiento de la misión: Permiso otorgado por una autoridad pública para proceder al lanzamiento y la explotación de una misión.

Diseño de la misión: Diseño de la trayectoria y las maniobras de una misión espacial sobre la base de los objetivos de la misión, las capacidades del vehículo de lanzamiento y la nave espacial y las limitaciones relacionadas con la misión.

Fase de lanzamiento: Plazo de tiempo en que se desarrollan las siguientes actividades: los preparativos previos al lanzamiento en el polígono de lanzamiento, el despegue, la ascensión, el funcionamiento de las etapas superiores (o impulsoras), el despliegue de la carga útil y cualquier otra acción vinculada con la colocación de una nave espacial en una órbita o trayectoria de vuelo predeterminada.

Fase de puesta fuera de servicio: Período de tiempo que sigue a la vida útil de una nave espacial.

Fuente de energía nuclear en el espacio: Aparato que utiliza radioisótopos o un reactor nuclear para la generación de energía eléctrica, la calefacción o la propulsión en una aplicación espacial.

Lanzamiento: Serie de acciones en el polígono de lanzamiento que dan por resultado la colocación de una nave espacial en una órbita o trayectoria de vuelo predeterminada.

Misión: Lanzamiento y explotación (incluidos los aspectos relacionados con la puesta fuera de servicio) de una carga útil (por ejemplo, una nave espacial) más allá de la biosfera de la Tierra con un objetivo concreto.

---

30 Organismo Internacional de Energía Atómica, Glosario de Seguridad Tecnológica del OIEA: terminología empleada en seguridad tecnológica nuclear y protección radiológica, edición de 2007 (Viena, 2007).

Reglas de vuelo: Conjunto de decisiones planificadas de antemano para reducir al mínimo la cantidad de decisiones en tiempo real que se hayan de tomar en las situaciones nominales y no nominales que afecten a la misión.

Sistema de lanzamiento: El vehículo de lanzamiento, la infraestructura del polígono de lanzamiento, las instalaciones de apoyo, el equipo y los procedimientos necesarios para lanzar una carga útil al espacio.

Vehículo de lanzamiento: Todo vehículo propulsor que incluya etapas superiores (o impulsoras) construido para colocar una carga útil en el espacio.

— QUINTA PARTE —
SITUACIÓN DE LOS ACUERDOS INTERNACIONALES RELATIVOS AL ESPACIO ULTRATERRESTRE

1.
INFORMACIÓN SOBRE LOS DEPOSITARIOS DE LOS TRATADOS DE LAS NACIONES UNIDAS

(1) *Tratado sobre los Principios que Deben Regir las Actividades de los Estados en la Exploración y Utilización del Espacio Ultraterrestre, incluso la Luna y otros Cuerpos Celestes* (Tratado sobre el Espacio Ultraterrestre), de 1967.

Aprobado por la Asamblea General el 19 de diciembre de 1966 en su Resolución 2222 (XXI).

Abierto a la firma el 27 de enero de 1967 en Londres, Moscú y Washington, D.C.

Entrada en vigor el 10 de octubre de 1967.

Depositarios: Federación de Rusia, Estados Unidos de América y Reino Unido de Gran Bretaña e Irlanda del Norte.

(2) *Acuerdo sobre el Salvamento y la Devolución de Astronautas y la Restitución de Objetos Lanzados al Espacio Ultraterrestre* (Acuerdo sobre Salvamento), de 1968.

Aprobado por la Asamblea General el 19 de diciembre de 1967 en su Resolución 2345 (XXII).

Abierto a la firma el 22 de abril de 1968 en Londres, Moscú y Washington, D.C.

Entrada en vigor el 3 de diciembre de 1968.

Depositarios: Federación de Rusia, Estados Unidos de América y Reino Unido de Gran Bretaña e Irlanda del Norte.

(3) *Convenio sobre la Responsabilidad Internacional por Daños Causados por Objetos Espaciales* (Convenio sobre la Responsabilidad), de 1972.

Aprobado por la Asamblea General el 29 de noviembre de 1971 en su Resolución 2777 (XXVI).

Abierto a la firma el 29 de marzo de 1972 en Londres, Moscú y Washington, D.C.

Entrada en vigor el 1 de septiembre de 1972.

Depositarios: Federación de Rusia, Estados Unidos de América y Reino Unido de Gran Bretaña e Irlanda del Norte.

(4) *Convenio sobre el Registro de Objetos Lanzados al Espacio Ultraterrestre* (Convenio sobre el Registro), de 1975.

Aprobado por la Asamblea General el 12 de noviembre de 1974 en su Resolución 3235 (XXIX).

Abierto a la firma el 14 de enero de 1975 en Nueva York.

Entrada en vigor el 15 de septiembre de 1976.

Depositario: Secretario General de las Naciones Unidas.

(5) *Acuerdo que Rige las Actividades de los Estados en la Luna y otros Cuerpos Celestes*, de 1979.

Aprobado por la Asamblea General el 5 de diciembre de 1979 en su Resolución 34/68.

Abierto a la firma el 18 de diciembre de 1979 en Nueva York.

Entrada en vigor el 11 de julio de 1984.

Depositario: Secretario General de las Naciones Unidas.

2.
TABLA DE RATIFICACIONES Y FIRMAS A 24 DE JUNIO DE 2024

Situación de los acuerdos internacionales relativos al espacio Ultraterrestre[31]					
	1967	1968	1972	1975	1979
Estado	TEU	AsS	CResp	Creg	Luna
Antigua y Barbuda	R	R	R	R	
Barbados	R	R			
Belice					
Bosnia y Herzegovina	R	R	R		
Burkina Faso	R				
Canadá	R	R	R	R	
Confederación suiza	R	R	R	R	
Emiratos Árabes Unidos	R	R	R	R	
Estado de Catar	R	R	R	R	
Estado de Eritrea					
Estado de Israel	R	R	R		
Estado de Kuwait	R	R	R	R	R
Estado de la Ciudad del Vaticano (Santa Sede)	F				
Estado Independiente de Papúa Nueva Guinea	R	R	R		
Estado independiente de Samoa					
Estado Plurinacional de Bolivia	F	F			

---

31 R: ratificado; F: firmado.

Situación de los acuerdos internacionales relativos al espacio Ultraterrestre[31]					
	1967	1968	1972	1975	1979
Estado	TEU	AsS	CResp	Creg	Luna
Estados Federados de Micronesia					
Estados Unidos	R	R	R	R	
Estados Unidos Mejicanos	R	R	R	R	R
Federación de Rusia	R	R	R	R	
Federación de San Cristóbal y Nieves					
Georgia		R			
Gran Ducado de Luxemburgo	R	F	R	R	
Granada					
Guinea Ecuatorial	R				
Hungría	R	R	R	R	
Islandia	R	R	F		
Islas Cook					
Islas Salomón					
Jamaica	R	F			
Japón	R	R	R	R	
Libia	R	R	R	R	
Malasia	F	F			
Mancomunidad de Australia (Commonwealth)	R	R	R	R	R
Mancomunidad de Bahamas (Commonwealth)	R	R			
Mancomunidad de Dominica (Commonwealth)					
Mongolia	R	R	R	R	
Nueva Zelanda	R	R	R	R	
Principado de Andorra					
Principado de Liechtenstein			R	R	
Principado de Mónaco		F			
Reino de Arabia Saudí	R	R	R	R	R[32]

---

32 El 5 de enero de 2023, el Gobierno de Arabia Saudita notificó al Secretario General su decisión de retirarse del Acuerdo sobre la Luna con efecto a partir del 5 de enero de 2024, de conformidad con el artículo 20 del Acuerdo.

Situación de los acuerdos internacionales relativos al espacio Ultraterrestre[31]					
	1967	1968	1972	1975	1979
Estado	TEU	AsS	CResp	Creg	Luna
Reino de Bahréin					
Reino de Bélgica	R	R	R	R	R
Reino de Bután					
Reino de Camboya			F		
Reino de Dinamarca	R	R	R	R	
Reino de España	R	R	R	R	
Reino de Esuatini (antes Suazilandia)		R			
Reino de Lesotho	F	F			
Reino de los Países Bajos	R	R	R	R	R
Reino de Marruecos	R	R	R	R	R
Reino de Noruega	R	R	R	R	
Reino de Suecia	R	R	R	R	
Reino de Tailandia	R	R			
Reino de Tonga	R	R			
Reino Hachemita de Jordania	F	F	F		
Reino Unido	R	R	R	R	
República Árabe de Egipto	R	R	F		
República Árabe siria	R	R	R		
República Argelina Democrática y Popular	R		R	R	
República Argentina	R	R	R	R	
República Bolivariana de Venezuela	R	F	R	R	R
República Centroafricana	F		F		
República Checa	R	R	R	R	
República Cooperativa de Guyana	F	R			
República de Albania					
República de Angola					
República de Armenia	R	R	R	R	R
República de Austria	R	R	R	R	R
República de Azerbaiyán	R				
República de Benín	R		R		

Situación de los acuerdos internacionales relativos al espacio Ultraterrestre[31]					
	1967	*1968*	*1972*	*1975*	*1979*
Estado	*TEU*	*AsS*	*CResp*	*Creg*	*Luna*
República de Bielorrusia	R	R	R	R	
República de Botsuana	F	R	R		
República de Bulgaria	R	R	R	R	
República de Burundi	F		F	F	
República de Cabo Verde					
República de Camerún	F	R			
República de Chad					
República de Chile	R	R	R	R	R
República de Chipre	R	R	R	R	
República de Colombia	F	F	R	R	
República de Corea	R	R	R	R	
República de Costa de Marfil					
República de Costa Rica		F	F	R	
República de Croacia		R	R		
República de Cuba	R	R	R	R	
República de Ecuador	R	R	R		
República de El Salvador	R	R	R		
República de Eslovaquia	R	R	R	R	
República de Eslovenia	R	R	R	R	
República de Estonia	R				
República de Filipinas	F	F	F		R
República de Finlandia	R	R	R	R	
República de Fiyi	R	R	R		
República de Gambia	F	R	F		
República de Ghana	F	F	F		
República de Guatemala			F		
República de Guinea					
República de Guinea-Bissau	R	R			
República de Haití	F	F	F		

Situación de los acuerdos internacionales relativos al espacio Ultraterrestre[31]					
	1967	*1968*	*1972*	*1975*	*1979*
Estado	TEU	AsS	CResp	Creg	Luna
República de Honduras	F		F		
República de Indonesia	R	R	R	R	
República de Iraq	R	R	R		
República de Irlanda	R	R	R		
República de Kazajistán	R	R	R	R	R
República de Kenia	R		R		
República de Kiribati					
República de la India	R	R	R	R	F
República de la Unión de Myanmar	R	F			
República de las Islas Marshall					
República de las Maldivas		R			
República de Letonia					
República de Liberia					
República de Lituania	R	R	R	R	
República de Macedonia del Norte					
República de Madagascar	R	R			
República de Malawi					
República de Mali	R		R		
República de Malta	R	F	R		
República de Mauricio	R	R			
República de Moldavia					
República de Montenegro		R	R	R	
República de Mozambique					
República de Namibia					
República de Naurú					
República de Nicaragua	R	R	R	R	
República de Níger	R	R	R	R	
República de Palaos					
República de Panamá	F		R		

Situación de los acuerdos internacionales relativos al espacio Ultraterrestre[31]					
	1967	1968	1972	1975	1979
Estado	TEU	AsS	CResp	Creg	Luna
República de Polonia	R	R	R	R	
República de Portugal	R	R	R	R	
República de Ruanda	F	F	F		
República de San Marino	R	R			
República de Serbia		R	R	R	
República de Seychelles	R	R	R	R	
República de Singapur	R	R	R	F	
República de Sudáfrica	R	R	R	R	
República de Sudán					
República de Sudán del Sur					
República de Surinam					
República de Tayikistán					
República de Togo	R		R		
República de Trinidad y Tobago	F		R		
República de Túnez	R	R	R		
República de Turkmenistán					
República de Turquía	R	R	R	R	R
República de Uganda	R				
República de Uzbequistán					
República de Vanautu					
República de Yibuti				R	
República de Zambia	R	R	R		
República de Zimbabue					
República del Líbano	R	R	R	R	R
República del Paraguay	R		R		
República del Perú	R	R	R	R	R
República del Senegal		F	R		
República del Yemen	R	F			
República Democrática de Corea	R	R	R	R	

Situación de los acuerdos internacionales relativos al espacio Ultraterrestre[31]					
	1967	*1968*	*1972*	*1975*	*1979*
Estado	TEU	AsS	CResp	Creg	Luna
República Democrática de Santo Tomé y Príncipe					
República Democrática de Timor Oriental					
República Democrática del Congo					
República Democrática del Congo	F	F	F		
República Democrática Federal de Etiopía	F				
República Democrática Popular Lao	R	R	R		
República Democrática Socialista de Sri Lanka	R		R		
República Dominicana	R	F	R		
República Federal de Alemania	R	R	R	R	
República Federal de Nigeria	R	R	R	R	
República Federal Democrática de Nepal	R	R	F		
República Federativa de Brasil	R	R	R	R	
República Francesa	R	R	R	R	F
República Gabonesa		R	R		
República Helénica	R	R	R	R	
República Islámica de Afganistán	R				
República Islámica de Irán	F	R	R	F	
República Islámica de Mauritania					
República Islámica de Pakistán	R	R	R	R	R
República Italiana	R	R	R	R	
República Kirguisa (Kirguistán)					
República Oriental del Uruguay	R	R	R	R	R
República Popular (de) China	R	R	R	R	
República Popular de Bangladés	R				
República Socialista de Vietnam	R	F			
República Somalí	F	F			
República Unida de Tanzania			F		
Rumanía	R	R	R	R	F
San Vicente y las Granadinas	R	R	R	R	

Situación de los acuerdos internacionales relativos al espacio Ultraterrestre[31]					
	1967	1968	1972	1975	1979
Estado	TEU	AsS	CResp	Creg	Luna
Santa Lucía					
Sierra Leona	R	F	F		
Sultanato de Brunéi Darussalam					
Sultanato de Omán	R		F	R	
Tuvalu					
Ucrania	R	R	R	R	
Unión de Comoras					

COLEX

LA EDITORIAL JURÍDICA DE REFERENCIA PARA LOS PROFESIONALES DEL DERECHO **DESDE 1981**

Paso a paso   Códigos comentados   Vademecum

Formularios   Flashes formativos   Colecciones científicas

DESCUBRA NUESTRAS OBRAS EN:

www.colex.es

Editorial Colex SL   Tel.: 910 600 164   info@colex.es